广告中蕴藏的故事

新记《大公报》广告传播活动研究

Stories in Advertising

A STUDY ON THE ADVERTISING
COMMUNICATION OF *TA KUNG PAO*

赵 欣 著

社会科学文献出版社
SOCIAL SCIENCES ACADEMIC PRESS (CHINA)

本书受 2018 年国家社科基金年度项目（18BXW002）资助

本书系大连外国语大学"一带一路"城市与区域发展研究院的成果

本书作者赵欣，女，汉族，大连外国语大学"一带一路"城市与区域发展研究院副教授，大连外国语大学汉学院副教授。

自　序

叙事在中国有着悠久的历史和传统。近年来，习近平总书记结合国内外形势的变化，系统阐述了国际传播能力建设的目标、体系和路径，提出"精心构建对外话语体系""打造融通中外的新概念新范畴新表述""增强国际话语权，集中讲好中国故事""讲好中国故事，展现真实、立体、全面的中国"等问题意识和现实意义突出的论述。"讲好中国故事"是构建一套以中国传统文化源流为基础，并结合当下中国经验的新的话语体系的一种尝试。[1]故事可以"载道"，正如孔子所言："我欲载之空言，不如见之于行事之深切著明也。"[2]

《大公报》是一份文人所办的报纸，它是中国报纸现代化发展进程的缩影，通过记载事实、传播文化、传播民意推动社会进步，为促进中国社会从传统向现代转型发挥了重要作用。与此同时，作为中国现代化进程的见证者、记录者和参与者，它虽然历经内忧外患、颠沛流离，却始终恪守着"大"和"公"的报格，讲述着独具特色的中国故事。

1941 年《大公报》获得美国密苏里大学新闻学院颁发的荣誉奖章，迄今为止获得国际荣誉奖章的中国报纸只此一家。在接受这一奖

---

① 吴宗杰、张崇：《从〈史记〉的文化书写探讨"中国故事"的讲述》，《新闻与传播研究》2014 年第 5 期。

② 《史记》卷一百三十《太史公自序》，中华书局，2011，第 3297 页。

章后，《大公报》发表社评《本社同人的声明》："本社同人，多时详审考虑之结果，以为若专就本报而言，则对于米苏里奖章根本不应接受，对于今天的庆祝会更不敢当。因为深切自省：多年来并未能善尽报人应尽的责任，尤其在抗战四年中，对国家社会甚少贡献。论冒险，断不及上海同业；论劳瘁，则不如前线报纸。至于宣扬抗战建国之大义，则不过勉随全国同业之后，同心同德，亦步亦趋，此外并无特长。事实如此，何以能独受国际的赞扬，更何敢劳同业的庆祝？但最后我们的结论，知道此事的意义，并非这样小。我们想：今天的庆祝会，其意义应当不是庆祝本报，而是庆祝中国报界在国际上得到同情的认识，及将来在国际上可以增进与各国报界尤其美国报界的合作。照这样讲，则本社同人不但不必辞谢庆祝，并且应当参加庆祝。""中国报业本来历史短，规模小，国家地位又这样落后，所以国际上多年不深知我们报界情形。但我们公平论断，中国报人的精神，在许多方面断不逊于各国报人，或者还自有其特色。今天国际报学界，对我们有了新的认识，这全是国家抗战四年之赐。因为抗战，国家受了重视，联带的中国报也得到国际的注意。"

这份嘉奖足以说明，《大公报》所讲述的中国故事为世界新闻界所承认，这不仅是对其文人办报和文人论政的认可，也可以说是对其报业经营的一种肯定。本书围绕着报纸的主要经济来源——广告展开研究，以一个新的视角考察《大公报》是如何在其办报思想及"以受众为中心"的编辑方针指导下，讲述具有特色的中国故事的。这不仅有助于思考讲述中国故事的方法，揭示中国故事背后蕴藏的中国经验和中国智慧，而且可以通过重温《大公报》发展历程，反思当代媒体广告的现状，为相关研究与实践提供参考对照和思路借鉴。

是为序。

2023 年 6 月

内容简介

在报学史上，《大公报》一直备受关注。有人对它赞誉有加，也有人将其判定为纯粹的民族资产阶级的商业性报纸。可以说，迄今为止对它的评价仍存在误区，这在一定程度上遮蔽了它的真实面目和样态。综观《大公报》的发展和演进历史可以看到，它是中国现代化进程的见证者、记录者和参与者，通过记载事实、传播文化、传播民意推动社会进步，为促进中国社会从传统向现代转型发挥了重要作用。它不仅是中国报纸现代化发展进程的缩影，更是一个独具特色的案例。《大公报》虽然历经内忧外患、颠沛流离，但依然在独特的编辑方针和经营理念的指导下巍然自存，始终恪守着"大"和"公"的报格。

《大公报》是一份文人所办的报纸，但不同于具有鲜明党派性的《循环日报》和《时务报》等其他文人报纸。《大公报》也是商业性报纸，广告是其维生机制，但为公众利益服务的办报目的又使其区别于《申报》等其他商业性报纸。因此，本书从历时和共时的角度，以新记《大公报》广告传播活动为中心展开研究，从一个新的视角考察《大公报》是如何在其办报思想及"以受众为中心"的编辑方针的指导下，讲述具有特色的中国故事的。

本书共分为五章。首先从历时的角度，对早期《大公报》广告和新记《大公报》广告进行比较研究。第一章从 1916—1925 年早期《大公报》的广告入手，对其传播特征和经营特点进行实证研究，发现早期《大公报》作为观点报纸虽有商业化趋势，但程度还很浅。英敛之时期的《大公报》广告还残留着旧式墙壁张贴广告的痕迹。后期，王郅隆集资购进《大公报》，其广告事业虽然得以发展，但基本上仍属于报馆被广告主找上门的经营方式，谈不上采取经营策略来招揽更多的客户。所以，那时的广告虽明显地由幼稚向成熟发展，但仍存在标题简单、语言直白和内容呆板等问题。以此作为本书研究的出发点，并为第二章对新记《大公报》的历时性分析做好铺垫。

第二章考察新记《大公报》广告极具活力和张力的发展演进过程。从历时的角度分析得出《大公报》广告的形式、体例的发展和演进是其广告数量激增的重要原因。一方面，广告标题字数增加，复合式标题出现并普及，插图被广泛使用；另一方面，在排版上，版面往往使用多种字体，调整了行距，增添了版面的趣味性、易读性和可视性，使编排更具特色、更加美观。更重要的是，采用名人广告、附属广告、对应广告、悬念广告、自我广告、公益广告等多种体例，使广告变得更灵活，更丰富多彩。这些变化和发展都是其广告数量激增的重要原因。综观这些变化可以看到，在激烈的商业竞争中，《大公报》作为一家依靠广告经营而巍然自存的民办报纸，已具备商业性报纸的特征，其广告符合商业性报纸的广告传播规律。《大公报》广告所展现的现代早期广告的弹性和张力，显示出其作为商业性报纸的进步，同时也彰显了文人办报以公众利益为最终目的的鲜明特征。

第三章对新记《大公报》的广告经营特点进行观照，揭示《大公报》广告组织机构上的规范化、广告经营方式的进步、广告经营策略的革新是推动其广告传播发展的重要因素。首先，《大公报》遵循编、经沟通的原则设置组织机构。总经理、总编辑领导下的经理室和编辑部除在本部门内部各司其职外，还彼此沟通，编辑部不只负责报纸各版面的编辑，还负责为广告安排版面。这种经理室和编辑部之间相互沟通的组织形式有利于拓展广告业务，也是《大公报》在经营管理上的一个特色。其次，《大公报》主要有四种广告经营方式，分别是大公报馆及各个分馆门市承接，广告社、广告公司代理，各地分销处承办以及海外派出站销售。从 1926 年续刊到 1946 年，《大公报》资本估值增长至 65 万美元，之所以发展如此迅速，是因为这四种现代化的广告经营方式在招登广告上起到了重要的作用。最后，采取灵活多样的广告经营策略。具体表现为六点。第一，扩大报纸版面，根据不同时期的物价涨幅及广告市场行情，适时调整广告章程和广告价目。第二，按照版面的不同、位置的不同，把广告的刊布价格分级，使广告达到"费廉效宏"的效果。第三，以内容带动发行，发行带动广告，实现新闻业务和经营管理之间的相互联系、相互协调、相辅相成，共同服务于报纸的整体办报方针。第四，活跃版面，注重新闻内容与广告内容之间的搭配和联系，将同类商品进行归类编排，对特定广告内容予以差异化的横排或竖排，并将新闻与广告混排，同时提升印报质量，提供套色广告服务。第五，开展社会活动，满足社会需要，提高声誉，吸引广告主。第六，规范广告运营，广告主、广告社和《大公报》三者之间形成制衡关系。这些是一份商业性报纸不可忽视的广告经营理念。

第四章在此基础之上，从共时的角度将新记《大公报》与其他同期报纸加以比较，从商业性和公共服务意识两个方面对其广告活动的创新之处进行爬梳，借此说明其广告除起到维系报纸生存的作用外，还与新闻一样具有教育大众、传播科学、裨益国家及为公众服务等社会服务功能。首先，将《大公报》与同期其他报纸的商业性进行对比可以发现，第一，《大公报》"是文人论政的机关，不是实业机关"，"虽按着商业经营，而仍能保持文人论政的本来面目"。即使是为了招徕本市广告而设置的有较强商业气味的"本市附刊"也在向新闻靠拢，与其"以受众为中心"的编辑方针一脉相承，在广告经营的同时兼顾报纸所应尽之责，是文人办报思想的体现。第二，在不断增加的《大公报》广告中，值得注意也令人欣慰的是，为国货做宣传的爱国广告的数量及其在广告中所占的比例也是不断增长的。在《大公报》上这些号召国人行动起来购买国货、与舶来品相抗衡、挽回漏卮的爱国广告的背后，是投身抗日救国大业、传播抗日救国思想、激励国人的爱国热情和抗战斗志，与国家休戚与共的爱国精神。

其次，将《大公报》与同期其他报纸的公共服务意识相观照，可以看到"以受众为中心"、以公众利益为最高准则始终是《大公报》发展过程中的一条主线，广告也反映出其在力所能及的范围内为社会提供服务、促进社会进步的思想。其一，大公报馆专门成立了"大公报救灾委员会"，除身体力行赈济灾民以外，还呼吁和感召社会各界为灾民踊跃解囊。社评、消息对灾情的翔实报道，与号召社会各界捐款捐物、组建"救灾电影会"、刊发"救灾征文启事"、宣传各界慈善家助赈善举的公益广告相得益彰。其二，透过《大公报》的广告，可以看到其注重知识、传播科学、倡导科学的进步思想，为纪念复刊十周年而设立的"大公报科学奖金"和"大公报文艺奖金"就是这方面的例证。其三，无论是《大公报画刊集萃》《赵望云塞上写生集》《赵望云农村写生集》《大公报小说选》《大公报小丛书》的自我广告，还是商务印书馆、中华书局、世界书局、大东书局的图书广告，都在开启民智、倡导新风、传播真理、救亡图存上发挥着积极作用。与此同时，《大公报》对青少年的关心也可在广告中找出一条线索来，在"征求学生出路办法"的启事以及《少年生活周刊》特告的系列广告当中，不乏激励青少年勤奋上进、奋发图强、励志笃行的进步思想。其四，《大公报》还积极抵抗恶俗广告，维护良好的社会风尚，在力所能及的范围内抵御乌烟瘴气的侵蚀，将公众利益放在重要的位置上。《大公报》还大量、持续刊登被称为"小形之新闻"的人事信息分类广告，旨在服务社会，解决人们的日常问题，与其"以受众为中心"的编辑方针相吻合。

最后，从新记《大公报》的广告活动与同时期其他报纸的对比中可以看出，前者"以受众为中心"的编辑方针和强烈的社会责任感为爱国广告、公益广告、社会服务性广告和自我广告提供了广阔的成长空间和强劲的发展动力。当广告与公众利益相悖时，其把公众利益放在更重要的位置上，孕育了诸多《大公报》特有的广告文化。《大公报》以公益为精神，以营业为基础，将广告视为一种手段，是维系报纸事业的物质基础；而公益则是一种目的，是报社作为公共机构的天职，由此可见一斑。它的广告活动除具有民营资本运营的商业性特征外，又是其"以受众为中心"的编辑方针的延续，编辑方针和经营方针在这一层面保持吻合。

第五章把研究放在更加开放的历史与现实视野中，重新思考《大公报》广告活动的独特价值，探究其对当代媒体广告传播与经营的借鉴意义。《大公报》"不党，不卖，不私，不盲"（简称"四不"）的办报思想讲求在编辑方针和广告经营方针上的延伸性与统一性，这不仅体现为注重新闻报道，也可以从其广告活动中窥见一二。所谓广告活动上的"不党"，即既要使报纸借助广告而自给，依靠商业经营而独立，又能保持文人论政的面目。所谓广告活动上的"不卖"，即保持独立的报格，不过分依赖广告主，更不受广告主的支配。所谓广告活动上的"不私"，即在广告上体察民情、整合社会需求，凡社会应倡行之事，广告也要为其先锋或助手。所谓广告活动上的"不盲"，指既重视广告资源的开发，又把持着广告资源开发的"度"，既不随波逐流，也不为了获取广告的经济利益而破坏报纸作为"新闻纸"的功能。广告活动上的"四不"体现了报纸的经营方针与编辑方针的一致性，是中国文人试图在报纸的商业性和"以受众为中心"的编辑方针中达到平衡的一种有益尝试。

从时下看，广告仍是媒体维系生存的重要经济来源，随着传媒市场化，媒体的广告经营方针与编辑方针之间不协调，甚至产生冲突的现象时常发生。与《大公报》一样，作为灵魂的新闻和作为生命线的广告之间的冲突也是当代媒体所面临和必须回应的一个重要问题。因此，本书通过重温《大公报》，在重新思考如何讲述中国故事，揭示故事蕴藏的中国经验和中国智慧的基础上，反思当代媒体广告现状，为相关研究与实践提供参照和借鉴。

目　录

绪　论 ……………………………………………………………… 001

第一章　从早期《大公报》的广告活动说起 ……………… 016
　第一节　广告传播特征 ……………………………………… 017
　第二节　广告经营特点 ……………………………………… 028

第二章　新记《大公报》的广告传播特征述略 …………… 031
　第一节　广告形式的变化 …………………………………… 033
　第二节　广告体例的发展 …………………………………… 052
　第三节　广告数量的激增和刊布特点的变化 …………… 114

第三章　新记《大公报》的广告经营特点探讨 …………… 118
　第一节　广告组织的机构设置 …………………………… 119
　第二节　广告经营方式 ……………………………………… 121
　第三节　广告经营策略 ……………………………………… 127

第四章　新记《大公报》与其他同期报纸广告
　　　　活动的共时比较 …………………………………… 141
　第一节　商业性对比 ………………………………………… 141

第二节　公共服务意识观照 ……………………………… 154

第五章　新记《大公报》广告活动的历史考察和现实观照 ……… 164
　第一节　新记《大公报》广告活动的历史地位 ……………… 164
　第二节　重温《大公报》，反思当代媒体广告 ……………… 169

结　语 ……………………………………………………… 177

附录一　《新闻与传播研究》学术研究期刊关于
　　　　《大公报》研究的年表 ………………………… 180

附录二　《新闻大学》学术研究期刊关于
　　　　《大公报》研究的年表 ………………………… 192

参考文献 ……………………………………………………… 203

绪　论

　　《大公报》创刊于 1902 年，历经百年沧桑，到了 2022 年已经有
120 年的历史。后人对它在这段历史中所发挥的作用褒贬不一，各执

图 0 - 1　"大公报创刊 120 周年"特别邮票

　　图片说明：2022 年为《大公报》创刊 120 周年，香港邮政以此为题，发行一
张邮票小型张，以资纪念。邮票小型张的上下两部分分别是昔日天津法租界《大公
报》馆址及今日香港的城市风光，突显《大公报》的悠久历史，寓意《大公报》
在我国近现代历史发展和新时代发挥的重要作用，有助推广国民教育，引导更多读者
知史明理，鉴古知今，从而培养爱国之情、砥砺强国之志、实践报国之行。

　　资料来源：引自大公网 2022 年 4 月 28 日的报道《香港邮政发行大公报创刊
120 周年纪念邮票》，http：//www.takungpao.com/news/232109/2022/0602/726278.ht-
ml。

一词,对其文人论政、文章报国的中心思想赞誉有加,批判和否定之声亦屡屡出现。但正如大公报人自己所说的,"无论毁之誉之,旧《大公报》毕竟是一张影响深远的报纸"。①

大公报人胡政之曾说:"以新闻事业之是否发达,而断定其国文野之程度;凡新闻事业发达之国家,其文化程度必高,反之文化程度必低。"② 与《大公报》相比,中国同期其他报纸大多存在时间不长,难以为理清报纸的发展脉络提供全面、广泛的资料。综观《大公报》的发展和演进史可以看到,它是中国现代化进程的见证者、记录者和参与者,通过记载事实、传播文化、发表民意推动社会进步,为促进中国社会从传统向现代转型发挥了重要作用。此外,它不仅是中国报纸现代化进程中的缩影,更是一个独具特色的案例。《大公报》虽然历经内忧外患、颠沛流离,却依然在独特的编辑方针和经营方针下巍然自存,始终恪守着"大"和"公"的报格。尤其是新记《大公报》时期,堪称《大公报》的鼎盛期。

图 0-2 "大公报创刊 120 周年"邮票小型张

资料来源:引自大公网,http://www.takungpao.com/news/232109/2022/0602/726278.html。

---

① 曹世瑛:《旧大公报璧还记》,中国社会科学院新闻研究所主编《新闻研究资料》第 3 辑,中国社会科学出版社,1980,第 144 页。

② 胡政之:《中国新闻事业》,黄天鹏主编《民国丛书》第 2 编第 48 集,光新书局,1930 年影印本,第 243 页。

图 0 - 3　1937 年元旦，《大公报》上的抗日画刊

资料来源：引自大公网 2022 年 6 月 12 日的报道《以国家为己任 以天下为己任》，http://www.takungpao.com/news/232108/2022/0612/729932.html。

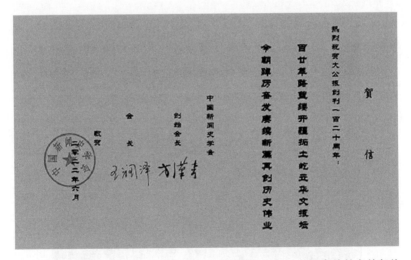

图 0 - 4　中国新闻史学会创会会长方汉奇同现任会长王润泽亲笔签名的贺信

资料来源：引自大公网 2022 年 6 月 11 日的报道《新闻史学泰斗方汉奇向大公报创刊 120 周年致贺信》，http://www.takungpao.com/news/232108/2022/0611/729765.html。

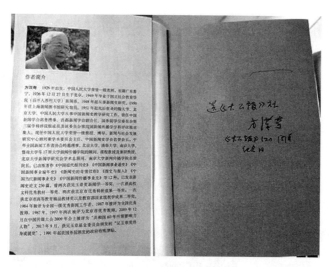

图 0 - 5　方汉奇向大公报社赠送亲笔签名的《方汉奇文集》

资料来源：引自大公网 2022 年 6 月 11 日的报道《新闻史学泰斗方汉奇向大公报创刊 120 周年致贺信》，http://www.takungpao.com/news/232108/2022/0611/729765.html。

图 0 - 6　方汉奇拜访萧乾时的合影

资料来源：引自大公网 2022 年 6 月 12 日的报道《新闻学泰斗方汉奇谈大公报：120 年以匡扶时世为己任》，http://www.takungpao.com/news/232108/2022/0612/729930.html。

图 0 - 7　莫言为大公报创刊 120 周年题字"大道之行，天下为公"

资料来源：引自大公网 2022 年 6 月 16 日的报道《贺大公报创刊 120 周年 莫言题字"大道之行 天下为公"》，http://www.takungpao.com/news/232108/2022/0616/731510.html。

　　《大公报》是最早开发新闻信息资源的近代报纸之一，这一点毋庸置疑。从报业经济学的角度来说，报纸的新闻业务和广告经营是互为表里、相辅相成的。徐宝璜作中国第一部新闻理论著作《新闻学》一书时，在第十章"新闻纸之广告"里对此即有较充分的论述："新闻纸最要之收入，为广告费，至其卖报所得，尚不足以收其成本，此世所熟知者也。故一报广告之多寡，实与之有莫大之关系。广告多者，不但经济可以独立，毋须受人之津贴，因之言论亦不受何方之缚束，且可扩充篇幅，增加材料，减轻投资，以扩广其销路。又广告如登载得当，其为多数人所注意也，必不让于新闻。故广告加多，直接亦足推广一报之销路也。故为一报自身利益计，实有谋其广告发达之必要。"[①]　以笔者担任

————————

①　徐宝璜：《新闻学》，中国人民大学出版社，1994，第 85 页。

《大公报》记者的体会来说，《大公报》之所以能成功，除了它的内容为读者所乐读外，还因为它刊载了大量读者所需要的广告信息。笔者发现，《大公报》版面的数量在工作日和非工作日有所不同，但无论如何调整，头版均为彩版，且不乏商业广告的存在。在大多数情况下，头版会以一张大图片来为商品做商业宣传，至少占版面的 2/3，有较强的视觉冲击力，上冠以通栏彩色标题。头版即出现占据大量版面的广告，是《大公报》广告的显著特征（见图 0-8、图 0-9、图 0-10、图 0-11）。

图 0-8　《大公报》2023 年 2 月 28 日的 A1 要闻

（资料来源：大公网）

图 0－9　《大公报》2023 年 2 月 28 日的 B1 副刊

（资料来源：大公网）

图 0 – 10 　《大公报》2023 年 2 月 28 日的 B2 大公园

（资料来源：大公网）

图 0 – 11　《大公报》2023 年 2 月 28 日的 B3 小公园

（资料来源：大公网）

有鉴于以上这些特征，笔者提出以下几个问题。

其一，120多年来，《大公报》的广告具有哪些总体特征和发展趋势？其二，《大公报》的广告与其他有影响力的报纸相比，凸显了哪些独特特征？

笔者从历时的维度对国内有影响力的7家报纸的广告进行了探析。对1999年12月31日的广告进行统计，可以发现以下几点。首先，7家报纸当中，《大公报》的一般广告的数量处于领先位置，达到65条。除《北京晚报》和《新民晚报》以外，其他报纸的一般广告处于个位数。其次，《大公报》的全版广告为6条，这与《新民晚报》的相关广告数量持平，除了《新民晚报》、《文汇报》和《光明日报》出现过全版广告之外，其他报纸都没有全版广告。最后，相比之下，在头版刊登广告也成为《大公报》的特点之一。几家报纸中，只有《大公报》、《新民晚报》和《文汇报》出现了头版广告。详见表0-1。

表 0-1　7 家有影响力的报纸 1999 年 12 月 31 日的广告资源比较

单位：条

	《中国青年报》	《新民晚报》	《文汇报》	《人民日报》	《光明日报》	《北京晚报》	《大公报》
一般广告	7	44	4	2	4	59	65
全版广告	无	6	4	无	1	无	6
头版广告	无	1	1	无	无	无	1

通常而言，报纸作为印刷媒体，跨年度的广告能够在很大程度上体现报纸广告的风格和特征。因此，笔者选取2000年1月1日这一时间节点，再次对这7家报纸的广告资源进行比较。如表0-2所示，就一般广告而言，《大公报》有190条之多，几乎分别是《新民晚报》和《北京晚报》的6倍。《大公报》的全版广告为20条，位居第二的《光明日报》为8条。7家报纸当中，只有《大公报》出现了头版广告。

表 0-2　7 家有影响力的报纸在 2000 年 1 月 1 日的广告资源比较

单位：条

	《中国青年报》	《新民晚报》	《文汇报》	《人民日报》	《光明日报》	《北京晚报》	《大公报》
一般广告	1	35	15	2	3	31	190
全版广告	1	无	2	3	8	无	20
头版广告	无	无	无	无	无	无	1

在此基础上，笔者以五年为一个时间跨度，将这 7 家报纸在 2005 年 1 月 1 日、2010 年 1 月 1 日、2015 年 1 月 1 日和 2020 年 1 月 1 日的广告资源分别进行了比较。结果显示，与国内其他报纸相比，《大公报》在广告的比例及全版广告和头版广告等方面凸显出鲜明的特征。其一，它的广告总量和全版广告数量较其他报纸要多；其二，其头版常常出现广告。这些特色是能够在历史中捕捉到的，它继承了历史上《大公报》的特点，并可以通过研究《大公报》在历史上的广告经营及广告特征表现出来。

《大公报》作为一份民营综合性报纸，是中国经办时间最长、影响最大的报纸，其刊登的广告也独具特色。它创刊于 1902 年 6 月 17 日，至今已经刊出 100 多年。这 100 多年是中国经历惊涛骇浪现代化进程的 100 多年，也是中国报纸广告寻求发展、走向成熟的 100 多年。因而，可以说《大公报》是近现代中国广告中最具代表性的个案，其广告的变化发展，代表中国广告变化发展的一般趋势和大致轨迹。尤其是新记公司盘购《大公报》后，其广告在形式、体例及数量等方面的变化发展揭示了一份观点性报纸向具有商业性的综合报纸的转变轨迹。此外，《大公报》又是文人所办的报纸，以它的广告传播活动为对象展开研究，可以窥见它是如何在其办报思想及编辑方针的指导下，讲述具有特色的中国故事的。

对《大公报》的研究始于大公报人、新记《大公报》三位创始人的接班人王芸生、曹谷冰的回忆。关于新记《大公报》的研究有《大公报》原记者周雨的《大公报史》和《大公报人忆旧》，华中工学院（现华中科技大学）吴廷俊编著的《新编大公报史稿》，方蒙的《〈大公报〉与现代中国：1926—1949 大事记实录》以及《大公报》记者的回忆录。截至目前，一方面，《大公报》的社评、新闻通讯、新闻标题和星期论文的相关研究较为突出和深入。根据大公报人方蒙、谢国明的观点，社评、新闻通讯、新闻标题和星期论文可谓《大公报》的四大特色，①独树一帜，不是为当时中国其他报纸所没有，就是办得出色，能对其他报纸惠以教益。另一方面，《大公报》的特刊、副刊、周刊，如南开大学何廉的《经济周刊》、清华大学吴宓的《文艺副刊》，以及《世界思潮》、《社会问题》等，也在近些年进入学者们的研究视野。而关于大公报报人的讨论，多是对使这张报纸见重于时的主笔张季鸾的研究。

方汉奇等著、中国人民大学出版社出版的《〈大公报〉百年史（1902 - 06 - 17—2002 - 06 - 17）》的问世，揭开了《大公报》研究的新篇章（见图 0 - 12）。该书在吸收这些年来关于《大公报》研究的最新学术成果的基础上提出了很多新的观点，为后人研究《大公报》提供了新的视角。首先，该书充分肯定了《大公报》在中国新闻事业发展史上的地位，认为《大公报》历经百年的历史，"是中国历史上除古代封建官报以外出版时间最长的报纸"。②作为中国新闻史和全球华文传媒史上唯一拥有百岁高龄的报纸，《大公报》在中国社会发展历程中发挥着重要而特殊的作用。其次，该书具有纠偏的作用，"纠正了'小骂大帮忙'的说法"，"对范长江的西北采访，再也不说是'第一个公开如实报道红军长征'的提法了"，"对红军选择陕北作为落脚点的论述，既提到了《大公报》的作用，也肯定了其它报纸的贡献"。③

---

① 方蒙、谢国明：《大公报的"星期论文"》，周雨主编《大公报人忆旧》，中国文史出版社，1991，第 77 页。

② 巴人：《〈大公报〉百年史新近出版》，《新闻与传播研究》2004 年第 4 期。

③ 巴人：《〈大公报〉百年史新近出版》，《新闻与传播研究》2004 年第 4 期。

这些观点为研究《大公报》提供了新见解和新阐释。最后，它对《大公报》的历史展开全面的个案研究，系统地介绍和评析了《大公报》的津、沪、汉、港、渝、桂等六个版的百年历史，[①] 为整个中国新闻史和海外华文新闻史的研究拓展了新的理论空间。

图 0 - 12　由方汉奇等著、中国人民大学出版社出版的《〈大公报〉百年史（1902 - 06 - 17—2002 - 06 - 17）》

---

①　巴人：《〈大公报〉百年史新近出版》，《新闻与传播研究》2004 年第 4 期。

正如方汉奇所说的，"《大公报》传播信息，主导舆论，臧否时事，月旦人物，像百科全书一样地记录了世纪的风雨，记录了民族的苦难，也积极维护着国家和民族的利益，呼唤和期待着中华的振兴"。① 后人可以在这些有代表性的研究的基础上进行更加深入的分析，对整体研究范围进行拓展。

第一，值得注意的是，与其他研究对象不同，《大公报》广告的研究显得贫乏。报业广告经营作为报业的产品，是报业经济的重要组成部分。在以往对传媒理论的研究中，只讲一种功能，即喉舌功能（或宣传功能），而对于传媒经济的研究，尤其是对近现代报纸广告经营的应用性研究，如组织机构设置、经营方式及策略的研究比较薄弱，这是个不容争辩的事实。

第二，运用比较法从事新闻研究活动的事例俯拾即是，但令人遗憾的是，对于《大公报》广告的研究大多零散，有些分散地呈现在艺术类的绘画作品当中，尚未见有研究从历时的角度考察《大公报》广告在形式、体例及数量等方面的变化发展轨迹，探查它从早期的观点报纸向具有商业性的综合报纸的转变；同时，亦未见有研究从共时的角度观照《大公报》与其他同期报纸相比所凸显出的特色，从而探寻其广告的独到之处。

第三，囿于当时所处的历史时期，曾有人对新记《大公报》的三位创始人持否定态度，进行抨击与批判，这在很大程度上限制了从公正、客观的立场对《大公报》展开全面的研究。例如，曾有人称"吴鼎昌是个典型的官僚资产阶级政客"，"胡政之是个典型的大资产阶级文化商人政客"，"张季鸾是个带有封建性的资产阶级旧式才子文人"等。在这种否定和批判态度的影响下，有研究将《大公报》视为一份纯粹商业性质的报纸。但从至今保存完好的新记《大公报》报纸史料

---

① 参见大公网 2022 年 6 月 12 日的报道《新闻学泰斗方汉奇谈大公报：120 年以匡扶时世为己任》，http://www.takungpao.com/news/232108/2022/0612/729930.html。

来看，三位创始人自入主新记《大公报》后，时刻以文人论政为标榜，以文章报国为出发点，十分爱惜《大公报》的声誉。广告是体现报纸编辑方针和经营方针的一个重要侧面，通过对《大公报》广告的研究，可以考察《大公报》是否在经济效益和社会效益之间寻找到了某种平衡，以及这种尝试又是如何折射其独特的办报思想的。

第四，国外对《大公报》的评价比较明确，称其为"中国最有影响力的独立无党派报纸"。《大公报》始终贯彻着"以受众为中心"的编辑方针。这一点在《大公报》的社评、新闻通讯、星期论文中有大量体现。笔者在查阅《大公报》时发现，在《大公报》的广告中，仍可隐约看到其反映民意、整合社会的胸襟和职志。以广告这一新的维度对《大公报》展开一系列实证研究，有助于深化学界对这份报纸的认识，对其进行更加全面、系统的评价。

总的来说，从研究现状来看，国内外大多数针对《大公报》的研究仅限于其显著特点，诸如社评、新闻标题、新闻通讯和星期论文以及各种周刊等方面，而对于其广告的研究只在近代广告史中略有提及，且多从广告创意的角度入手。《大公报》是一份文人所办的报纸，但又不同于具有鲜明党派性的《循环日报》和《时务报》等其他文人报纸。它是商业性报纸，广告是其维生机制，但致力于为公众利益服务的办报宗旨又使其区别于《申报》等其他商业性报纸。因此，从广告这一层面展开对其办报思想及"以受众为中心"的编辑方针的深入研究是有意义的。本书从广告传播活动的视角来审视新记《大公报》的办报思想，从历时的角度分析新记《大公报》的广告传播活动及广告经营特点，从共时的角度将其与其他同期报纸加以比较，并在此基础上对新记《大公报》广告活动的价值进行历史考察和现实观照，来寻找其广告里蕴藏的中国故事，以期求得对《大公报》更加深入的认识。

| 第一章 |

从早期《大公报》的广告活动说起

《大公报》创刊于 1902 年 6 月 17 日，该报创刊不久，即声名鹊起，成为颇具影响力的大报。英敛之主持时期（1902—1915 年）和王郅隆主持时期（1916—1925 年），在本书中统称为早期《大公报》，以与新记《大公报》相区别。早期《大公报》是观点报纸，作为一家文化企业，它并非独立经营，广告也不是其维生机制。为了更加清晰具体地呈现《大公报》广告活动的演变轨迹，本书先从早期《大公报》的广告传播特征和经营特点入手。

图 1–1 《大公报》创刊号以及当日刊发的《本报章程》

资料来源：引自大公网 2022 年 6 月 9 日的报道《大公报 120 周年｜大公报立言为公 启最早黄金时代》，http://www.takungpao.com/news/232108/2022/0609/728917.html。

第一节 广告传播特征

与其他同期报纸相比，早期《大公报》的广告带有一些鲜明特征，首先从广告形式、体例及数量等方面对此进行探讨和分析。

一 广告形式

《大公报》在创刊初期将广告称为"告白"。《大公报》起初为书版式，仅印单面，日出 8 页，新闻和广告的排列都是一皮一栏（见图 1 – 2）。1902—1925 年这 20 年间，《大公报》广告从整体来说还处于"幼年期"，同后期相比带有明显的幼稚性。标题简短不够吸引人，格式单调较少有变化，内容呆板显得枯燥，语言粗糙缺乏生动性和灵活性，残留着旧式墙壁张贴广告的痕迹是这一时期《大公报》所有广告

图 1 – 2 1902 年 6 月 17 日初创的《大公报》（天津）第 1 版

的共同特点。同时，早期《大公报》与现代广告相比在广告内容和形式上的单调、呆板、粗糙，缺乏吸引力和创造性的特点，也是同时期报纸广告的共性。

但是这 20 年中，《大公报》广告又是在不断探索中发展和完善的，其自身带有明显的由形式呆板向形式生动，由内容单调向内涵丰富，从一味循规蹈矩向多样化、灵活化发展的趋势，孕育了许多带有现代成熟广告特质的广告雏形。这具体体现为，早期《大公报》虽为书版式，但与同期的其他报纸相比，其广告版面具有眉目清晰的特点。每个广告都有边框，广告与广告之间轮廓清晰，符合读者的阅读习惯。

（一）标题的发展与演进

《大公报》创刊号上的广告，较少出现标题。例如，有的广告起首就是一段文字，"京都天津瑞蚨祥绸缎洋货铺设立有年今新自运到哈喇回绒回锦回布一应发行"。读了全文后，才知道这则广告的发布者是京都天津瑞蚨祥绸缎洋货铺。这说明在创立之初，报馆还没有意识到广告标题的重要性。此类广告需读者阅读全文后才能知道具体内容，给读者获取信息带来不便。如果广告的数量庞大，且每一条广告的内容都如此冗长和复杂，那么读者需要花费大量的时间通篇阅读每一条广告才能了解其内容。有的广告虽然有着类似广告标题的文字，如"京都泰昌号"，但是也需要读者通读全文"自置绸缎洋货顾绣妆蟒各国钟表苏广杂货一概发售"后，才能知晓该商号经营什么样的商品。

此类广告不仅给读者阅报设置了一道障碍，使他们难以在较短的时间里以较为便捷的方式获得广告信息，还导致广告主无法收到预期的效果。

大公报馆注意到这个问题后，从1902年6月18日的第2号开始，就在广告标题中增加了进一步说明商品特征的文字，如"上海商务印书馆新译华英各种书籍广告""恒利金店添设金银满汉首饰""上海世界繁华报告白"等。富有内涵的标题的出现，起到了良好的传播效果，一是简约醒目，易于读者搜寻、识别、获取自己所需要的广告信息；二是易读易记，容易在读者的脑海中留下印象；三是突出商品的属性、特点和优点，易于唤起读者的购物欲。

（二）字体、字号与排版的变化与发展

初创的十年里，《大公报》经历了几次版面革新，印报设备也得到更新升级。1905 年底该报进行了改版，"一律改换新字以期豁人心目"。[①] 1908 年 9 月 24 日起，该报开始扩充版面，由原来的两大张改为"每日共出三张"。[②]

上述两次改版促进了广告形式的变化发展。最初《大公报》的广告无论是标题还是正文，均使用竖行排版。后来《大公报》的广告开始出现几个变化。其一，标题开始使用木刻字，标题排版由竖行改为横行，正文仍然是竖行。其二，标题使用黑体略大字号，正文使用相对略小字号，扩充了广告版面的容量，增强了易读性。其三，木刻字的横行标题与竖行的正文形成了较为强烈的对比，使广告显得醒目简洁、美观大方。例如，1905 年 12 月 27 日第 7 版的三则牙医广告中，标题"牙科医生"（"牙医"）几个字为横行排版，正文仍然沿用竖行排版。同样的，当日的一则商局告白，标题"工艺商局告白"六个字排为横行，正文为竖行。上述广告的标题往往是手写体，字号要比正文大，标题与正文错落有致，使标题得到凸显，正文更加具体详尽（见图 1 - 3）。

又如，1908 年 9 月 24 日的《大公报》第 1 版上出现了英美烟公司的"三炮台香烟"的广告。"英美烟公司"几个字使用横行排版，广告正文仍采用竖行排版（见图 1 - 4）。当日第 17 版的"大公报馆广告""河北大胡同商务印书馆出版新书"广告，都是横行标题搭配竖行正文的排版方式（见图 1 - 5 和图 1 - 6）。

---

① 《大公报》（天津）1905 年 12 月 27 日。
② 《大公报》（天津）1908 年 9 月 24 日。

图 1 – 3 1905 年 12 月 27 日《大公报》（天津）的牙医广告和商局告白

图 1-4　1908 年 9 月 24 日《大公报》（天津）标题横行排版、正文竖行
排版的英美烟公司"三炮台香烟"广告

图 1-5　1908 年 9 月 24 日《大公报》（天津）标题横行排版、
正文竖行排版的"大公报馆广告"

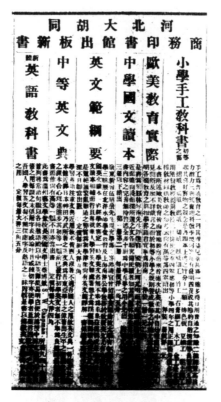

图1-6　1908年9月24日《大公报》（天津）标题横行排版、正文竖行排版的"河北大胡同商务印书馆出板新书"广告

（三）标题和正文内涵的丰富和拓展

与此同时，标题和正文内涵的变化也是值得关注和研究的。首先是在广告的标题上刻意求新，逐渐将商号、售卖（开张）日期和物品名称纳入广告标题之中，力求展示更丰富、更具体的内容。以拍卖广告为例，最初的拍卖广告一律以"拍卖"为标题，随后进行了革新，拍卖广告的发布商号也列入广告标题当中。如1903年1月23日第6版的"高镇茂叫卖行"、1903年10月16日第3版的"东瑞拍卖行广告"、1909年9月25日第8版的"信昌永拍卖行"、1910年10月10日第7版的"茂盛洋行拍卖广告"等。

随后，拍卖物品名称也被纳入标题之中，如1904年4月8日第3

版 的 "家具拍卖告白"、1904 年 4 月 11 日第 3 版的 "瓦房铁栈房拍卖告白"、1907 年 3 月 14 日第 4 版的 "拍卖大马"、1907 年 9 月 9 日第 4 版的 "磁器拍卖"、1908 年 8 月 20 日第 2 版的 "拍卖古今名人书画"、1913 年 5 月 23 日第 1 版的 "楼房拍卖广告"、1922 年 10 月 5 日第 2 版的 "拍卖旧房砖瓦木料"、1924 年 2 月 21 日第 1 版的 "拍卖火柴工场"等。

随着广告的发展，发布商号和拍卖物品的名称也被纳入广告标题中，使标题变得更明确、具体。例如，1908 年 8 月 16 日第 1 版的 "书画慈善会存件拍卖告白"、1908 年 11 月 11 日第 1 版的 "招商局绸缎拍卖"、1913 年 6 月 17 日第 4 版的 "天津习艺所拍卖存品广告"、1916 年 10 月 9 日第 11 版的 "京奉铁路管理局拍卖唐山制造厂旧家具广告"、1918 年 9 月 2 日的 "京奉铁路管理局车务处拍卖无主物件广告"、1923 年 5 月 27 日第 1 版的 "华新纱厂津厂股票拍卖广告"等。

后来，又在广告标题里添加了能引起读者关注和兴趣的词语，以此吸引有类似需求的读者的目光。如 1908 年 7 月 28 日第 7 版的 "拍卖房间注意"、1916 年 4 月 6 日第 5 版的 "最新小轮船拍卖告白"、1916 年 9 月 24 日第 11 版的 "诸君注意拍卖地一段"等。

随次，评价性语言被引入广告正文，以此兼顾广告的具象化和抽象化。刚开始，《大公报》广告里没有类似评价的表达方式，后来，正文中开始出现 "划一不二""一概俱全""货高价廉""订则不慢""风雨无阻"等强调服务的评价性语言。此后又出现了 "余无太多""争先为快""艺高价廉""货鲜物美""价甚相宜""格外公道""格外从廉""格外克己""自见公道""定期不误""庶不致误""有美必臻""无不精美绝伦"等生动活泼、新颖独特的评价性广告语。

评价性语言后来还出现在广告标题当中。譬如，1908 年 9 月 7 日第 12 版徐隆记马车行的 "快买便宜"广告以及当日第 13 版开平矿物有限公司修灶卖煤处的 "减省日费秘诀"广告。

这代表《大公报》广告由幼稚向成熟的发展趋势，广告正文不仅有描述性的语言，更有评价性的，从具体描写到抽象勾勒，具备了现代广告的特质，对于广告的发展变化具有重要的意义。这种变化为此后《大公报》不同体例的广告的出现奠定了基础，也为运用比喻、双关、对偶、拟人、排比、设问等手法来增强广告的表现力做了充分的准备。

除了上述文字内容的变化，给广告标题加上花边及各种图案也是活跃版面的常用手段。如1912年7月6日公记纸局的"代印报章"广告的标题使用反白字，并且标题中每一字均以菱形做背景。1914年6月9日浪花铅字局的广告，用花边将标题围起来。这些做法凸显了广告的位置，美化了广告的外观。

（四）插图广告

利用照相铜版技术在《大公报》上刊登照片，直到1902年7月8日才出现。这一天刊登的照片是新到裁缝机器，该广告在《大公报》上连续刊登了七天之久（见图1-7）。随后在1902年8月20日刊出

图1-7　1902年7月8日《大公报》（天津）的"新到裁缝机器"广告

了"燕制治痰圣药"和"燕制补丸"的广告，并配以照片。接着还刊登了"鸿顺洋行"自行车的照片。自此，《大公报》上图文并茂的广告越来越多了。

总的来说，在这一时期，就广告内容而言，广告标题和正文的内涵得以丰富和拓展，在广告标题里添加了能引起读者关注和兴趣的词语，同时，评价性语言也被引入广告正文。在文字排版上，区分了标题和正文的字号，采用横行标题与竖行正文的格式，增强易读性。在整体排版上，每个广告都有边框，并时常给广告标题加上花边及各种图案，增强了广告的艺术表现力和感染力。这些有益尝试孕育了许多带有现代成熟广告特质的广告雏形。

二　广告体例

广告体例，即文章的组织形式，是体现《大公报》广告特点的又一个重要方面。最初，《大公报》的广告更多的是正体广告或正统广告，即以广告主的身份来"打广告"，以直白的语言介绍商品的用途或服务的功效。随着广告形式趋向成熟，出现了不同体例的广告，其中角色转换广告颇为常见。

角色转换广告，即顾客证言广告，是广义上名人广告的一种，由主顾向读者介绍广告商品。其突出特点是在形式上摒弃了正统广告介绍商品名称、特点、商号、服务的方法，而是选择以一篇文章、一个故事将上述内容娓娓道来，动之以情，晓之以理，用情感打动人，用道理说服人，达到推销的目的。它大多用第一人称的手法著文，以谢函形式出现，且广告中多附有作者的照片，以证明真实性。有些时候，广告主还争相利用家喻户晓的社会名人的谢函来打广告，以增加广告的可信度和权威性。

动之以情的广告常常借助最动人的骨肉之情，或让子女给父母寒时购衣，病时买药；或让父母注意儿女的衣食冷暖，挂心儿女的健康。

如以文章、故事的形式规劝读者"孝父母者，必受其子女之孝"，"为母亲者……不仅以育子为尽责，须知育而能养，斯能尽其母之职"，实质上是将商品的特点和用途化用其中，例如"余以为人人之母亲者当常备此药片于手中，以防不时之需也"，以期引起读者的共鸣。例如，1922年10月4日第4版刊登的韦廉士医生药局的"红色补丸""婴孩自己药"的广告，正文题为"在美国有为母亲者"，就属于此种类型。该药品"声称婴孩自己药片，能使小儿康壮有力"。正文写道："婴孩自己药片之功效在英国、坎拿大（加拿大）、美国等处为父母者均竭力称颂之。因无异于中国之为父母曾经试用而获实益者之称颂也，兹将美国为母者之证书列下。"（见图1-8）此后又在10月7日、8日、9日和10日连续刊载广告。

晓之以理的广告的表现策略是用道理讲解，意在喻之以理、以理服人，多为医疗保健品和生活物品。如果是医疗保健品广告，往往从某种疾病的病理说起，然后指出如果不治疗将会出现什么样的严重后果，最后介绍该药品的成分和疗效，以及该种药物为什么能治疗此病，多采用人证、物证、言证、事证的方式，旨在增加广告商品的可信度。如果是生活物品广告，则通过摆事实、讲道理，讲解这类物品为什么是生活必需品，拥有了这种物品又会给生活带来什么变化等。1914年间，《大公报》出现了几十篇为韦廉士"红色补丸"作证的广告，顾客从平民百姓到社会名流，从香港阔商到英国女士，男女老少，无所不包。几乎每日一登，每周一换，其标题也各有千秋。例如，其中一篇关于"济南府警察署长张柳年君来信"的广告是这样进行叙述的：

> 余四年前忽染头晕之症，月发数次。每届发时头晕目眩，四肢无力。延请名医诊视，皆云用心过度，气血稍亏所致。服药多剂，毫无功效。余闻友人云韦廉士红色补丸功效异常，适治此病。遂先购丸服之，头疼顿减，连服半打，旧病全除，身体亦即强壮。功效神速，世所罕见。谨附数行，声明感谢，并乞登报以告同病

急购试服为幸。①

图 1 – 8 1922 年 10 月 4 日《大公报》（天津）的韦廉士医生药局
"红色补丸""婴孩自己药"广告

---

① 《大公报》（天津）1914 年 8 月 19 日。

上述这几种广告不是直接向读者提供商品信息，而是在顾客试用、使用商品后，以顾客的口吻介绍其特点、优点和用途，强调故事性、场景感和同理心，以期增加读者对广告商品的信赖。此类手法在以后的医疗保健广告中屡屡出现，往往使用"曾经治愈无数之患""得获全愈""尤见神效"等来表达亲身体会。

三　广告数量

总的来说，这一时期《大公报》广告的数量与沪上大报相比略显不足，只有1—3个版面刊登广告，这与当时中国北方市场经济不够繁荣有关，更重要的原因是那时的《大公报》还是不以营利为目的的观点报纸，没有着眼于广告的经营。另外，报纸的内容尚不足以扩大销路以招徕广告，为报馆带来丰厚的收入也是原因之一。

但是这20年中，《大公报》广告数量又是逐年上升的，广告版面大幅度增长。据笔者统计，创刊号有8个小版块，一大张包括4个版块，广告仅有15条；到了这一年的12月31日，广告则增加到40条。在广告比较多时，各版块之间的报缝里也刊登广告。1912年3月1日，正值该报增张，由原来的两大张改为"每日共出三张"，广告多达54条。1919—1920年基本都是三大张12个版，广告版面和数量不断增加。后由于王郅隆逃亡海外，报纸资金紧张，经营乏力，1924—1925年停刊前夕，只留下固定的两大张，即仅仅8个版，广告也随之锐减。

第二节　广告经营特点

在英敛之主持报馆时期，《大公报》广告的经营管理工作是由其独立承担的。在其经理下，《大公报》广告业务不断扩大，逐渐形成了自己的特色。《大公报》的广告以"干净"著称，不登载不健康、光怪陆离的内容。英氏主持该报时，曾在"闲评"中批评试图以迎合时事来提振商品销路的广告，将所谓"立宪牙粉"的广告称为"奇特之广告"（见图 1 – 9）。① 当时有些报纸不加筛选地为以时事为名称的商品打广告，《大公报》不愿随波逐流，拒绝刊布那些名、实不相符的广告。

图 1 – 9　英敛之在《大公报》（天津）1909 年 5 月 20 日
"闲评"中对"奇特之广告"的批评

① 《大公报》（天津）1909 年 5 月 20 日。

总的来说，这一时期《大公报》的广告经营较京津地区的其他报纸而言，的确有一定的特色，但由于它是观点报纸，不以营利为目的，故而广告经营一直处在被忽视的地位。加之英敛之一人任总理、撰述、编辑诸职，总揽言论和经营，对于撰述、编辑事必躬亲，使他无暇重视广告的经营。

1916年王郅隆集资购进《大公报》，聘任胡政之为经理兼总编辑，广告刊发量与日俱增，商业味道逐渐变浓。由于《大公报》投资人的背景与银行业关系密切，所以银行广告特别多。另外，还采用过附送单页广告的方式，"今日本报在京津随报附送同仁医院传单一纸"。① 但综观那时《大公报》的广告经营，还算不上出色，很多沪上的补品、药品并不在《大公报》上做广告，而是选择诸如《益世报》等其他报纸，因为当时这份报纸的销量还不够多，广告业务工作也不够出色。

那时《大公报》仍是观点报纸，尤其在胡政之辞职后，《大公报》成为安福系机关报，发表的亲日言论已经完全背离了"敢言"的报格，以致销量锐减，更谈不上广告经营了。此后随着安福系失利，报纸销量一落千丈，遂告歇业。

早期《大公报》作为观点报纸，虽有商业化趋势，但程度还很浅。英敛之时期的广告还残留着旧式墙壁张贴广告的痕迹。后期，王郅隆集资购进《大公报》，广告虽然得以发展，但报馆的广告经营基本上仍停留在被动的状态，更谈不上运用经营策略来招揽更多的客户。所以，那时的广告虽明显地由幼稚向成熟发展，但仍存在标题简单、语言直白和内容呆板等问题。直到新记公司入主《大公报》，《大公报》成为具有商业性的综合报纸后，其广告活动才得以呈现生机勃勃的气象。

---

① 《大公报》（天津）1919年6月21日，第2版。

第二章

新记《大公报》的广告传播特征述略

上文对作为观点报纸的早期《大公报》的广告活动进行了考察和分析。自 1926 年 9 月 1 日新记公司接办《大公报》后，《大公报》成为具有商业性质的综合性大报，对办报思想和经营方针的擘画在原有基础上更趋成熟，取得了长足的进步。对比早期《大公报》和新记《大公报》的报纸和版面内容，可以窥见这一点。

《大公报》初创时期为 8 版，1902 年 6 月创刊时各版的内容如下。

第 1 版：本报代派处

第 2 版：（1）本馆特白　　（2）本报章程

第 3 版：（1）上谕电传　　（2）时事要闻

第 4 版：时事要闻

第 5 版：译件

第 6 版：附件

第 7 版：（1）附件　　（2）告白

第 8 版：（1）告白　　（2）京津火车开行时刻单

到 1926 年，也就是新记公司接办《大公报》后，《大公报》的篇幅虽仍为 8 版，但其栏目种类繁多，内容更加丰富充实。1926 年 9 月新记《大公报》续刊第 1 号各版的标题如下（见图 2 - 1）。

第1版：（1）本报启示　（2）大公报续刊辞　（3）本社同人之志趣　（4）广告

第2版：国内要闻

第3版：（1）国外要闻　（2）广告

第4版：（1）经济与商情　（2）市场一览　（3）广告

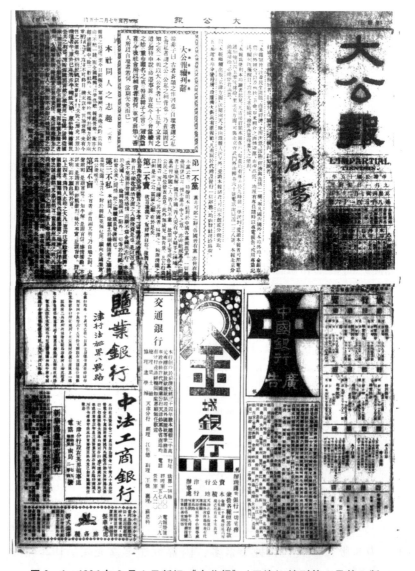

图 2-1　1926 年 9 月 1 日新记《大公报》（天津）续刊第 1 号第 1 版

第5版：广告

第6版：地方通信

第7版：（1）各地通信　（2）小评　（3）广告

第8版：（1）副刊艺林　（2）广告

根据上述比较可见，在续刊之后，《大公报》已有很大进步，给人焕然一新的感觉。这样的改变也表现在广告上。一方面，新记时期的广告比英敛之时期更丰富且数量更多，这从续刊第1号第1版、第3版、第4版、第5版、第7版和第8版均有广告刊登可见一斑；另一方面，把原来放在广告版里的国内外汇兑、银洋钱币、债票、股票以及粮市等内容，另用一版单独刊登，迎合了当时商界和市民的需要。本章将从广告形式、体例和数量等方面入手，剖析新记《大公报》广告传播的发展演进。

第一节　广告形式的变化

就广告形式来说，新记时期的特点为"浓眉大眼"，即使用大标题、大字号和大照片。这些变化代表这一时期的广告已渐渐具有现代报纸广告的特质，充满现代气息。另外，现代报纸广告所具有的商标、品名、标题、广告语、文案、厂名、图片和图形等要素，在新记时期的广告中完成了从无至有、从零散纳入到全面体现。广告版面编排上注重吸引读者的注意力，创造富于特点的广告形式。

一　广告标题字数的增加

早期《大公报》的广告标题以单一、明了为主，虽有字多的，但为数很少。新记时期，报馆注意到这种简洁的标题未必能完整表达内容，于是多字标题日渐增加，极为简短的标题逐渐减少，以至于不用。改进后的标题，既着重形式的简洁，又顾及内容的完整，能全面、详尽地表达广告的内容。如 1928 年 3 月 1 日的 "《中国新经济政策》增改再版出售" 标题，共 13 个字，不仅简练，而且内容完整。

二　复合式广告标题的出现与普及

新记《大公报》广告标题的第二个变化是辅题的出现。在早期《大公报》中，带有副题和引题的广告并不多。早期《大公报》的广告标题往往只有主题，虽然简练，但难以将广告的内涵完整地展示出来。一直到新记时期，副题才被广泛使用。如在 1936 年 9 月 1 日、11 月 3 日和 12 月 20 日刊载的一则灯泡广告中，就出现了副题。这则广告的主题是 "亚司令老牌灯泡"，副题是 "若非十全十美决不轻易出厂"。这行副题在于说明该厂灯泡在出厂以前 "均经详加测验"，以便 "省电" "经久不坏"，具有对主题进行补充、注释的作用（见图 2－2）。

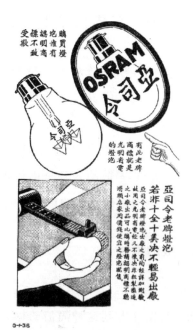

图 2－2　1936 年 9 月 1 日《大公报》（天津）带有复合式标题的 "亚司令老牌灯泡" 广告

《大公报》（重庆）在 1943 年 12 月 23 日刊登了一则"煤油灯"广告，主题为"煤油灯"，副题为"上海姜孚第一机器厂迁川又一荣誉出品"，由此可以看到副题在补充说明主题内容上的作用（见图 2 - 3）。

图 2 - 3 1943 年 12 月 23 日《大公报》（重庆）带有复合式标题的"煤油灯"广告

又如，1936 年 9 月 1 日刊登的一则大减价广告，其引题是"旋天动地的总答案"，主题是"荫华绸缎庄举行秋季大减价"。这则广告之所以使用引题，是为了烘托该绸缎庄减价的幅度之大。由此可明显地看出引题的作用，它从侧面对主题进行引导和渲染，能加深读者对广告的印象（见图 2 - 4）。

不久，继上述单行引题后，双行引题也在《大公报》上出现。有一则广告的双行引题是"显示何时须添墨水"和"从无临时墨竭之虞"，主题是"此乃派克公司所制之革命化奇笔"，这是新记《大公报》广告中出现较早的双行引题。

**图2-4 1936年9月1日《大公报》（天津）带有复合式标题的
"荫华绸缎庄举行秋季大减价"广告**

此类复合式标题，往往采用引题、主题、副题相结合的形式。主题以最重要、最吸引人的信息概括广告的主要内容；引题交代背景，说明信息意义，烘托气氛；副题则补充说明主题的内容。这不仅丰富了广告标题的内涵和形式，也为广告标题的发展开拓了更广阔的空间。

三 插图广告的广泛使用

在新记时期，为了不断寻求广告形式的发展变化，《大公报》还增加了插图广告的使用，采用实物、情境等插图，增进读者对广告商品的直观认识。

（一）实物插图广告

在《大公报》上较为常见的是实物插图广告。1928年3月1日刊登的一则德昌洋行的"最新式美制乾德来牌娱乐汽车"的插图广告可谓其典型。广告按语称："乾德来牌娱乐汽车，样式时髦，乘坐舒服，机件坚固，价值低廉。"广告正文下方就是一幅汽车的实物图案。尽管这则广告中的文字部分没有对插图做出说明，图与文没有密切的联系，没有达到图文呼应、协调一致的效果，显得有些机械，主题不够突出，但读者仍能通过具象化的实物形象对广告商品产生直观印象，插图对广告本身也起到了美化作用（见图 2–5）。

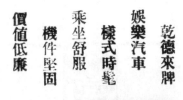

图 2–5　1928 年 3 月 1 日《大公报》（天津）的"最新式美制乾德来牌娱乐汽车"插图广告

与之相比，1929 年 4 月 16 日英瑞炼乳公司的"雀巢牌补身牛奶粉"广告中的插图更直观，更有利于传递广告商品的信息（见图 2–6）。该插图广告由上至下可划分为 5 个部分。最上面是广告标题——"雀巢牌补身牛奶粉"；关于牛奶粉性质的介绍，"性极和平，并不发热，最易消化，直达经络，异常滋补，胜于参术"，位居其下；雀巢牛奶粉的实物插图居于整个广告的正中间；接下来介绍适用人群，"小孩面黄肌瘦，中年体虚神疲，年老胃力不健，夏秋红白痢疾，病后难以复原"为"最宜"；广告最下面附有"赠券"。雀巢牛奶粉的实物插图置于广告的正中间位置，能够起到将商品性质和适用人群上下两个主要内容勾连在一起的作用，达到了图文并茂、图文呼应、相得益彰的效果。

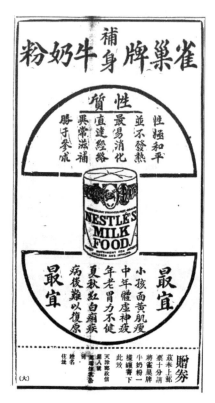

图 2-6　1929 年 4 月 16 日《大公报》（天津）的
"雀巢牌补身牛奶粉"插图广告

（二）情境插图广告

在实物插图广告出现的同时，《大公报》上还出现了情境插图广告。这也是《大公报》上常见的插图广告形式，它以渲染、烘托使用广告商品的情境故事为主，以此使读者间接地体验广告商品的使用感和效果。1926 年 9 月 1 日《大公报》刊登了"大炮台香烟"的广告，插图精美，图中一男子手持香烟，烟气缭绕，神情怡然。广告正文称："大炮台香烟，能使吸者笑口常开，吸时揽镜一照，当信言之不谬。"（见图 2-7）

图 2 – 7　1926 年 9 月 1 日《大公报》（天津）的"大炮台香烟"插图广告

　　1929 年 10 月 26 日的"丽容牌化妆品"广告当中，一女子手持化妆品的插图是主体部分，位于中间。她手里拿着一瓶化妆品，瓶里倾倒出的溶液显示出"丽容牌化妆品"的字样。其上写着该商品由"中华丽群化学工艺社股分有限分司"出品，下面汇总了该公司所生产的化妆品的种类——"各种丽容素、各种丽容润手油、各种丽容生发油、各种丽容花露水、各种丽容蜜，名目繁多不及备载，价廉物美完全国货"（见图 2 – 8）。

　　此类广告的信息一部分由文字来传达，另一部分由插图来呈现，文字与插图相互衔接、相辅相成，将商品的特点、性能、用途、使用方法表现得一清二楚。

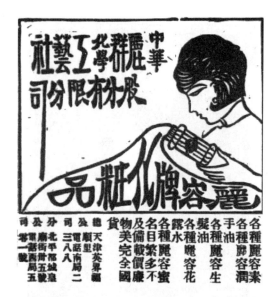

图 2 - 8 1929 年 10 月 26 日《大公报》（天津）的"丽容牌化妆品"插图广告

（三）实物插图与情境插图同时出现

有时，实物插图和情境插图会在《大公报》的一则广告里同时出现。上文提到的派克笔广告，就采用过实物插图和情境插图共现的手法。在广告中有两幅交叉放置的插图，一幅为钢笔的实物插图，另一幅是一男子使用钢笔轻松写字的情境插图（见图 2 - 9）。

应该承认的是，这则广告中两幅插图是相互叠加的关系，还未达到相互融合的水平，手法略显笨拙，但也可谓一种有益的尝试。广告主意识到了实物插图与情境插图的不同作用，避免了实物插图的单调和枯燥以及情境插图的呆板和刻板，尝试在二者之间取长补短，用一则广告就达到既为读者直观呈现钢笔的形象，又渲染使用钢笔写字方便快捷、书写流畅的情境，展现了广告商品更为丰富的视觉艺术效果。

事实上，自怡昌洋行 1933 年 10 月 31 日在《大公报》上刊登第一则派克笔广告后，派克笔的插图广告频频见于《大公报》，其对于如何使实物插图与情境插图更好地融合在同一则广告里的探索也是不断

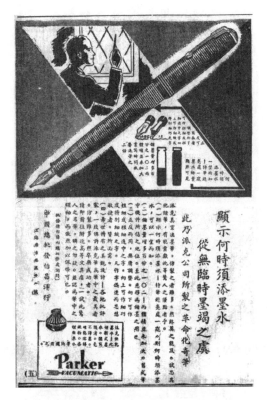

图 2 - 9　1936 年 7 月 14 日《大公报》（天津）的"派克笔"插图广告

演进的。例如，1934 年 12 月 21 日题为"无论赠人自用，均为高尚名笔"的广告，用派克笔实物插图配以一女子用派克笔轻松书写的情境插图（见图 2 - 10）。在 1935 年 12 月 13 日题为"卓然不群之礼品"的广告中，与派克笔实物插图相配的，是两个男子的情境插图，其中一人手持派克笔，另一人则对笔的储墨情况予以关注（见图 2 - 11）。1936 年 12 月 13 日题为"是完美之礼品——人人所欲人人羡慕——亿万人士均乐用其正反可写之笔尖——其双倍而明显之储墨量——其卓然异于他笔之美观"的广告，其插图为一个男子手持并望着派克笔（见图 2 - 12）。

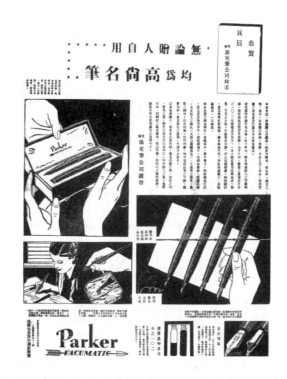

图 2 – 10　1934 年 12 月 21 日《大公报》（天津）的"派克笔"插图广告

图 2 – 11　1935 年 12 月 13 日《大公报》（天津）的"派克笔"插图广告

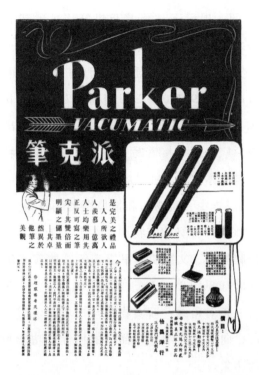

2-12 1936年12月13日《大公报》（天津）的"派克笔"插图广告

　　值得注意的是，就实物插图与情境插图并用的广告而言，很多商家并没有重复使用同一则广告，而是不断更新广告的设计和创意。在这些派克笔广告里，实物插图由一支派克笔增加到几支派克笔并排在一起。从单独的派克真空注墨笔的图案，发展为放在礼盒里的派克真空注墨笔和派克活动铅笔的图案。情境插图里的人物有时是单独一个男子、单独一个女子，有时是两个男子。再看他们的服饰，多数都是西装革履等正式服装。他们的动作也是灵活多样的，有的用笔写字，有的举起笔进行观察，还有的其中一人手持笔，另一人集中精力注视。附带的图案还有笔尖、储墨笔囊、随送赠送的绿质玉匣。对笔尖的特写可以凸显派克真空注墨笔是"两用笔尖，正反可写"，"向下可作粗细适中或宽阔之字，向上可写细如发丝之字"；储墨笔囊的图则显示出该笔"储墨增多百分"，"何时须添墨水，可以一望而知"；随笔赠送的绿质玉匣的图，展示了"将笔及铅笔移去，其下面坚固合用之匣，可供盛香烟之用"。

可以看出，实物插图与情境插图之间的搭配愈发相称，这也体现在食品饮品广告中，1929年6月2日美商荣发牛奶公司的"牡丹牌淡奶"广告是颇具典型性的例子。该广告题为"解决君之康健问题"，那么如何解决呢？广告正文接着写道："每日饮半杯牡丹牌淡奶调以半杯滚水，可使君身体康健。牡丹牌淡奶乃系美国母牛牛乳蒸化制成，原质浓厚。"在该广告中，实物图和情境图的编排是经过认真考量的。广告的右下角为牡丹牌淡奶的实物图，左上角为一男子举杯饮用，其桌前放置着牡丹牌淡奶、文字说明里提到的盛放着"滚水"的水壶以及饮具和搅拌汤匙（见图2-13）。文字说明与商家、地址、电话等商品信息被设计成一条对角线，而实物图与情境图成另一条对角线。这则广告图文并茂，向读者介绍了该商品的特性、功能和用途，容易留下直观且深刻的印象。

图2-13 1929年6月2日《大公报》（天津）的"牡丹牌淡奶"广告

同时，"牡丹牌淡奶"广告还不断尝试和探索更新广告设计。例如，在1929年6月4日的广告里，其尝试了新的插图排版方式。该广告题为"牡丹牌淡奶"，从右侧起为正文文字，称该淡奶"系纯净淡乳，较新鲜牛奶双倍丰富，婴孩服之非常强壮"。吸引人之处在于，文字与插图没有截然分开，牡丹牌淡奶的实物图处于广告文字的正下方，由文字包裹起来，用意是展现文字描述的种种好处正是该产品所具备的。左侧是一位母亲举着杯子给孩子喂食牡丹牌淡奶的情境图。可以看到，"婴孩服之非常强壮"的意蕴，由一个饮用淡奶的、年幼且强壮的孩子的画面表现出来（见图2-14）。

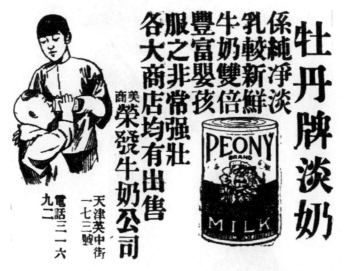

图2-14　1929年6月4日《大公报》（天津）的"牡丹牌淡奶"广告

同类产品广告中有代表性的还有雀巢牌系列产品。1929年4月2日刊登的"雀巢老牌牛奶、果仁、巧格力糖"的广告很有特色，进一步强化了实物图和情境图之间的联系。可以看到，从右上角一直延伸至广告中间偏下的位置，分别是片块、圆卷、方块、果仁、粒头这些不同型号的雀巢老牌牛奶、果仁、巧格力（巧克力）糖的实物图。与其他广告不同的是，这些产品不是整整齐齐、中规中矩地放置着，而是错落有致，犹如从天而降。与之相呼应的是一年长女子的情境图，位于广告左下角。她伸出双手仿佛准备接住这些从天而降的商品。实物图的左侧写有文字"雀巢老牌牛奶及果仁巧格力糖","装潢美丽，滋补可口，有益卫生，送礼最宜"，与实物图和情境图交相呼应，文字之上附有雀巢商标，并提示读者要"认明商标"（见图 2-15）。

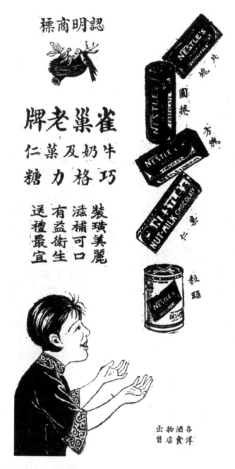

图 2-15　1929 年 4 月 2 日《大公报》（天津）的
"雀巢老牌牛奶及果仁巧格力糖"广告

当时，随着百货零售业的日渐发达，中外商号在化妆品领域展开了激烈的竞争，纷纷号称"化妆品之领袖""化妆品中之巨擘""化妆品中之一绝"。这种竞争也体现在广告中，即不断在实物插图和情境插图的构思上推陈出新。例如，德商美最时洋行从 1930 年 4 月开始，一直到 1936 年 11 月，连续在《大公报》登载"四七一一"的古龙香水、香粉镜盒、雪花精、美发蜡、香粉、白玉霜、冷香膏、香皂等系列化妆品的广告。这些广告中很多都是实物图和情境图并用，情境图里常常出现一女子使用了该化妆品后神清气爽的表情神态，或是在社交场景中男子或女子使用了该商品后超群出众的精神面貌；实物图则罗列出上述各种化妆品，并在多数情况下配以"游兴有加""清凉爽适""身心安泰""精神抖擞""疲倦全忘""社交之宝""香气袭人""香令人醉""娟秀可嘉""窈窕之美""一帆风顺""心花怒放"等修饰词来烘托广告主题，以此展现"名贵无比之"的"四七一一"化妆品是"精美化妆品"和"为美的法宝"。

　　面对激烈的商战，国产化妆品并非处于弱势地位，而是显示出强劲的竞争力。譬如，中国广生行有限公司自 1910 年 10 月 3 日起，便在《大公报》上刊登双妹牌花露水和双妹牌玫瑰擦牙香粉的广告，但持续时间较为短暂，基本在 1910 年 10 月 13 日就中止了。新记《大公报》续刊后，广生行开始重新在《大公报》上刊载广告，1932 年 9 月 22 日刊登的"双妹老牌化妆品"广告是续刊后广生行的首则广告。可以看到，广告主题为"双妹老牌化妆品"，正文主要介绍双妹牌花露水，其下采取实物插图和情境插图并置的手法，左侧和右侧分别为一个年轻女子，手持或者肩背所采集的花卉的枝叶，蕴含着商标名称"双妹"的含义。两个女子目光对视，处于她们的中间位置的是一瓶双妹牌花露水，两女子和花露水瓶几乎处于同一个高度（见图 2–16）。如果只看这一则插图广告，也许会认为其在设计和编排上有些机械——虽然凸显了商标名称和商品，但是没有将实物插图和情境插图巧妙地融为一体。

　　但实际上，广生行从 1933 年 8 月 30 日便开始使用新款插图广告，使用外商广告较少采用的横版设计，显示出国货化妆品广告独特的理念和风格。当时，外商广告以竖版广告居多，而广生行这则广告是从右到左的横版设计，在很大程度上符合当时国人的阅读习惯。广告最

图 2 - 16　1932 年 9 月 22 日《大公报》（天津）的"双妹老牌化妆品"广告

右侧为主题"广生行有限公司告白"，紧挨着是两个穿戴体面、举止优雅的女子坐着交谈的情境图，一个女子手中拿着广生行的商品，另一个女子注视并指着该商品，这个商品就是"双妹嚜素馨香水"。在介绍该香水的特点时，使用了手写体，而不是在外商广告中常见的印刷体。广告正中央是"双妹嚜素馨香水"的实物图，背景配以花卉枝叶点缀，旁边写着"千日香水""素馨香水"（见图 2 - 17）。可以看出，该广告采用以实物图为主、情境图为辅的设计，同时，实物图里包含着作为香水主要成分来源的花卉枝叶的情境，情境图里则涵盖着香水作为优雅女性攀谈主题的实物意象。不仅实物插图与情境插图达到了彼此间的交融，而且这种融合与外商广告的设计截然不同，体现了深厚的中式底蕴和韵味。

图 2-17　1933 年 8 月 30 日《大公报》（天津）的"双妹嚜素馨香水"广告

事实上，从 1932 年 9 月一直到 1949 年 11 月都可以在《大公报》上见到广生行的广告。中国广生行有限公司双妹老牌化妆品总行设香港制造厂，港粤沪各省分设支行二十余家，其商品可谓琳琅满目。其旗下的花露水、香蜜水、烫发油、固发胶、生发蜡、保发水、白玫瑰头水、醒脑头水、超等宫粉、兰花粉、雪花膏、粉底霜、茉莉霜、指甲水、爽身粉、洗身药珠以及超等牙膏等形形色色的化妆品广告，有的以单独一种实物或情境插图的形式出现，有的则是实物插图和情境插图并用，在后者中带有民族风格的横版设计颇为常见。

四　排版的发展演进

从排版上也可以窥见新记《大公报》较之早期的改革与创新，这主要体现在以下三个方面。

（一）易读性增强

在广告设计中，新记《大公报》文字的字体及字号大小更符合现代报纸的风格。版面往往使用正楷、行楷和新宋体中的两到三种字体，避繁就简，易读易懂，一改早期凌乱而缺乏整体感的缺陷。文字则选用不同字号，并通过增大、加粗关键词语，缩小、变细次要词语，来产生丰富多彩的效果。1926 年 11 月 7 日一则题为"体面攸关与名片好坏"的《大公报》自身广告颇能体现这一点（见图 2-18）。

在这则广告中，主题里的"体面攸关""名片好坏"通过加粗、增大字号加以凸显，同时，在其衬托下，正文中的文字也得以突出。

现将其摘录如下，加粗的文字就是文中的关键词，这么做便将广告内容整理得简洁、明了，使读者瞬间即可获取其所承载的信息：

> 不论政界、商界、学界，在应酬交际的时候，掏出名片来，纸又黄又薄，字又坏又扭。岂不与你的体面攸关。要印好名片，惟有委托大公报馆印刷部代印，包你心满意足。名片分新宋体石印、铅印，行楷、正楷石印、铅印。价目自大洋四角起至一元五角止，种类任凭拣择。

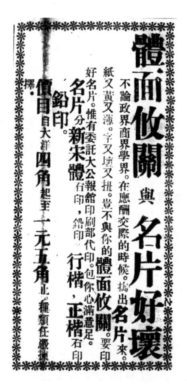

图 2-18　1926 年 11 月 7 日《大公报》（天津）的"体面攸关与名片好坏"广告

（二）可视性增强

早期《大公报》的广告编排得密密麻麻，给人留下间隔过小、颇具紧张感，可视性差、不易阅读的印象，导致广告内涵不易传达。新记时期，《大公报》的排版调整了行距，突出磅礴、舒展的气势。1926

年9月1日续刊第1号的"中国丝茶银行迁移广告"就体现了这一特点（见图2－19）。在这则广告中，整篇文章的间距、段落与段落的间距、每个段落里行与行的间距、每一行里字与字的间距，均留有一定空间。标题"中国丝茶银行迁移广告"位于正上方，使用大字号突出，标题与正文之间的间距较宽。正文第一段写道："本行因营业发达，原址不敷应用。现已于阳历八月九日（星期一）迁移法界二十一路号、六十三路号，新房照常营业，恐未周知，特此通告。"该段落当中，行与行之间、字与字之间均留有一定间距，且行间距始终大于字间距。这段文字之后，没有像先前的广告一样，接着书写下面的内容，而是把最后一句话所在行的其余空间都空了出来。第二段则另起一行，保持与前一段的段落间距，继续介绍在北京、上海、汉口、郑州、开封等地的分行地址和电话。早期《大公报》往往使用紧凑型行距，一大段文字堆砌在一起，拥挤且难以阅读。新记《大公报》改变了这一做法，采用宽松型行距，体现了层次感，可视性随之增强。

图2－19　1926年9月1日《大公报》（天津）的"中国丝茶银行迁移广告"

（三）编排更具特色、更加美观

继普遍使用横行标题、竖行正文和横行标题、横行正文后，新记

《大公报》尝试根据广告主题的需要，在文字的排列上加以改革，显示别具匠心、与众不同的排版特色。例如，有的广告在标题上进行构思和设计，除了使用横行标题外，还在横行标题的正中间加了竖行标题，使整个标题呈"T"字形。又如，有的广告着眼于标题与正文之间的编排，采用方框式设计，在横行上标题的基础上，添加了竖行标题和横行下标题，用标题搭建了一个装饰性边框，中间正文文字被标题所环绕。这样的构思将广告中各个要素进行点、线、面的创造性组合与排列，既突出了广告内容，又注重广告的艺术性和表现力，广告各要素形成一个和谐的整体，能收到很好的效果。

还有的广告通过唤起读者的"有意注意"来传递信息，如将文字的方向从传统的、中规中矩的正向排版方式，改为倒置、朝向左或者朝向右，需要把报纸颠倒过来才能看清楚，[①] 如寻人的广告故意将"人"字颠倒书写。[②] 还有的一改传统紧凑的编排方式，广告里大部分是留白，只在角落用小字写出公司商号名称。这样的广告别出心裁，显得活泼醒目，增添了版面的趣味性，是可贵的广告手法。

第二节　广告体例的发展

新记《大公报》广告变化与发展的一个重要方面是广告体例的发展与进步。总的来说，该时期的广告体例获得了很大的横向发展空间。

一　名人广告

如前文所述，早期《大公报》的名人广告已初现端倪。但那时的名人广告多集中在顾客证言上，即角色转换广告，且数量不多。到了新记时期，名人广告呈现多元化的格局，除顾客证言形式外，名人广

---

① 参见《大公报》（天津）1933年10月10日，第18版；《大公报》（天津）1934年5月15日，第14版。

② 参见《大公报》（香港）1938年8月18日，第6版。

告在广义上所包括的商品发明人、政界要人、社会名流、知名艺人等表现形式都迅速发展起来。

1926年9月1日，续刊后的《大公报》刊布了一则颇具特色的"韦廉士红色补丸"的顾客证言广告，文中有三个顾客的证言："在北京，有患热之后，身体衰弱，由'韦廉士红色补丸'得获治愈；在汉口，有患腰酸背痛、头疼、目眩等症，由'韦廉士红色补丸'得获全愈；在苏州，有又转弱为强、精神复振者。"显然，此时顾客证言广告的表现形式更加灵活，试图通过一则广告就将其产品的三种功效告知读者，并像早期《大公报》那样，在文后附顾客玉照，以说明广告的真实性。

又如，京津中国南洋兄弟烟草公司多次在《大公报》上刊登以"人生行乐图"为标题的广告，广告称："吃龙井茶，吸大喜烟，看梅兰芳演戏。"借助社会名流（梅兰芳）和知名商品（龙井茶）来推销广告商品"大喜烟"。名人广告中比较典型的还有胡蝶系列广告。除胡蝶的电影广告已家喻户晓之外，以作为社会名流的胡蝶为商标的"胡蝶香烟""胡蝶香皂""胡蝶霜""胡蝶擦面牙粉"的广告也等频频见于报端。1933年8月29日刊载在《大公报》的"胡蝶女士香烟"广告颇具特色。广告里写道："凡看过胡蝶女士电影者，不可不吸胡蝶烟，凡宴会应酬高朋贵友者，不可不吸胡蝶烟，凡欲得各影星照像片者，不可不吸胡蝶烟。"（见图2-20）

1943年1月16日的广告题为"不怕牌子多，只怕货比货"，以一个设问开始："君为吸烟问题焦闷否？"那么"请尝试胡蝶牌香烟"。1943年8月17日以"香烟皇后——胡蝶牌香烟，现又运到渝市了！"为标题，文中写道："愈出愈好，人人爱吸，洋锡纸包。"1943年8月21日该广告再次出现，"请吸愈出愈好之香烟皇后胡蝶牌香烟"。

除了胡蝶香烟，胡蝶还为胡蝶香皂、胡蝶霜、胡蝶擦面牙粉代言。在1935年6月6日以"请用国货无敌牌香皂，又一舶来品之劲敌"为题的广告中，主推商品之一便是胡蝶香皂。对这款香皂的特色进行说

图 2 - 20　1933 年 8 月 29 日《大公报》(天津) 的"胡蝶女士香烟"广告

明时写道："胡蝶香皂,以胡蝶女士为商标,按最新科学方法制成,
分'玫瑰''芝兰''檀香''百合'四种,香味各有专长,用时令人
发生美感。"相比之下,这则广告的与众不同之处在于,以倡导为国
货争光、与舶来品相抗衡、挽回漏卮为切入点,"舶来品每年销于吾
国市场者,为数上实属惊人。在国货中能与舶来品争短长者,厥为无
敌牌各种出品,颇得社会人士好感,挽回漏卮不少。兹更另设制造香
皂厂,大规模制造各种香皂,成绩特殊优良,足与舶来品抗衡,且售
价较舶来品为廉。问世数日,销路甚畅。是诚舶来品之一劲敌也"。
1935 年 8 月 17 日再次刊出无敌牌胡蝶香皂广告,"胡蝶香皂为最近流
行之国货隽品,足以抗衡舶来品香皂,而为国货争光"。

可以看到,无论是胡蝶香烟,还是胡蝶系列化妆品,都尝试围绕
着作为代言人的名人变换广告表现手法和表现形式,以期在更广泛的
范围里增强广告商品的传播效果。例如,1933 年 9 月 16 日的广告里,

胡蝶香烟在标题"胡蝶女士香烟"的基础上加了"启事"二字，改为"胡蝶女士香烟启事"。启事指为了公开声明某事而登在报刊上的文字。在当时，社会名流往往在报纸上刊登"启事""声明"来预告个人到访行程，或表明自己对某事的态度和立场。这则广告在正文里写道："女士的影片颇蒙社会热烈光顾，女士的香烟尤蒙各界踊跃竞吸，女士对各界无以为报，敬谨特备女士及影界各姊妹的最近像片。"看完这则广告才知晓，这并非胡蝶个人的启事，也无关胡蝶的行程、态度或立场，而是旨在通过名人扩大胡蝶香烟的知名度。

又如，1936 年 12 月 15 日的一则胡蝶化妆品广告，广告标题由"胡蝶香皂"直接改为"胡蝶启事"，在标题里找不到要推介的商品的字样，但细看正文内容："上海华南实业社所发行之胡蝶霜，其装潢之别致，品质之优良，早已斐声遐迩，毋待赘述。兹该社第二种出品'胡蝶擦面牙粉'亦已开始发行。"由此可以发现，这则广告也旨在以社会名流的名义将该商品广而告之（见图 2 - 21）。

图 2-21　1936 年 12 月 15 日《大公报》（上海）的"胡蝶启事"

二 附属广告

在新记时期，出现了另一种广告，它作为正体或正统广告的"附属品"存在，是为了吸引潜在顾客的注意，扩大自身商品的影响力，为顾客提供试用品、换购商品等免费或优惠的业务或服务而发布。此类广告有时与正体广告同时刊登，有时在正体广告刊登之后出现，被视为正体广告的附属，故得名"附属广告"。

检视《大公报》上的附属广告可以发现，当时，附属广告所涉及的行业可谓五花八门，遍布医疗医药、烟草、金融保险、百货零售等各行各业，甚至连摄影公司、报馆、书局也打起了附属广告。例如，1926年11月3日，瑞和堂药材庄在连续做了数期正体广告后，登出了赠送药品的附属广告，声称"购药五角以上者，赠金珠绿云油一瓶，购药壹元以上者，赠观音救苦膏一帖，并赠金珠绿云油一瓶"。

中国南洋兄弟烟草公司在《大公报》上刊登的附属广告颇为引人注目。1927年3月6日，中国南洋兄弟烟草公司将有奖销售作为卖点，刊登了其麾下香烟"白金龙牌"和"金字牌"的奖券开奖启事的附属广告。1930年2月11日，该烟草公司的广告语中凸显了"新年赠送"的字样，正文写道："五十支美女香烟每洋一元，可购四罐加赠精美画片一张。五十支加大红金龙香烟每罐售洋五角，凡一次购三罐加送一罐。"为了对赠送办法进一步说明，还补充道："本公司为酬谢主顾起见，特敬备优待券于此，凡顾客持此券选购各货，皆照原价按九扣计算，千载不遇，良机不再！！！"（见图 2－22）这几则附属广告的共同特点是通过赠送奖券、赠品或优待券、折扣，对其商品进行推介。

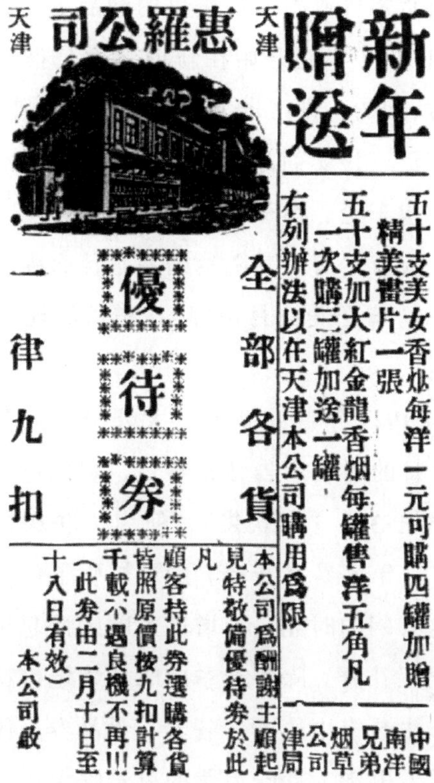

图 2-22　1930 年 2 月 11 日《大公报》（天津）的中国南洋兄弟
烟草公司"香烟"广告

　　1931 年 9 月 22 日，天津北洋保商银行储蓄部将正体广告与附属
广告包罗在同一则广告中，标题为"赠送精美储蓄盒"，并对其主要
业务进行介绍，"本行储蓄，利息优厚，手续简便，备有详章，承索
即寄"。天津新华信托储蓄银行自 1931 年 2 月便在《大公报》上刊布
正体广告，1931 年 12 月 27 日的广告标题为"赠送日记簿启事"，是
一则正体广告的附属广告。广告里称，赠品领取规则为"凡存有本行
上年日历末页之调取赠品券，请持来换取。又，本行存户概凭存薄照
赠一份"。可见，当时金融业的附属广告里提及的赠品往往是与金融
业密切相关的附属品和衍生品，刊登此类赠品广告，有助于加深读者
对银行业务的认识，增进银行与主顾之间的感情。

相比之下，百货零售业附属广告里的赠品更让人目不暇接。陈嘉庚公司天津分行自 1929 年起开始在新记《大公报》刊登广告，其在 1931 年 1 月 13 日所刊的一则广告为附属广告。这则广告里介绍，该公司经营业务颇为广泛，售卖商品包括防雪套鞋、运动靴鞋、各种皮鞋等鞋具，汽车轮、包车轮、脚车轮等各种橡皮用品，饼干、什锦糖果、罐头菠萝等食品，应有尽有。其随货赠品是什么呢？广告标题里用大字进行了说明——"赠送美丽月份牌"，赠送的规则是"买鞋一双或一元以上则有赠送"。

利丰绸缎庄自 1927 年起在新记《大公报》上多次刊登广告。其在 1928 年 2 月 10 日的附属广告独具特色，娓娓道来且别出心裁。广告标题称，该庄赠送的是"联欢袋"，何为"联欢袋"呢？正文进行了详细的说明："一年容易又新春。诸君忙碌了一年，这时正应休息了。本庄乘诸君这有闲的时光，为增进主顾感情起见，谨于正月初六日起举行联欢大会三礼拜。除将春季应时各货定价特别削减外，并随货奉赠联欢袋。袋内装有电影券、餐券、食品券、代价券等，随君抽取。爱看电影可希看电影，喜吃大菜的可希吃大菜，冀诸君新年中享受好吃、好看、好穿的幸福。卜得一年的吉利，以示联欢，以示酬谢。恭喜，恭喜，敬请早日驾临。"该庄在新年到来之际，为答谢主顾随货赠送电影券、餐券、食品券、代价券等，赠券品类繁多，旨在借此吸引主顾参与该庄正月里举行的联欢大会（见图 2-23）。在 1934 年 1 月 19 日中原公司题为"空前绝后大赠送"的附属广告中，主要卖点是赠送布料。正文写道："购电机印花双丝葛旗袍料一件，送新花葛旗袍料一件"，"志在推销存货，所以特别牺牲"，"千载难逢，请勿错过"。

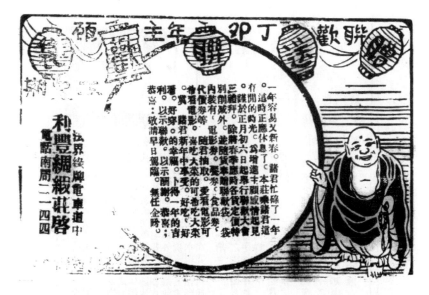

图 2-23 1928年2月10日《大公报》（天津）的利丰绸缎庄的广告

同时，各种品牌化妆品的附属广告也不少见。1933年2月3日老晋隆洋行迪安化妆品部的广告将正体广告和附属广告囊括于一则广告当中，其广告开篇便进行了精心设计，旨在吸引爱美女性的注意（见图2-24），"世之妇女，未必人人生而美丽。然可设法增高天然之妩媚，以知娇容动人之可贵"。接着介绍该化妆品的性能和用途，"首以迪安牌美霜擦于面颈，以为美颜底子"，"使皮肤细嫩软滑，免受风吹日晒雨淋尘侵之影响"，"次于晚间就寝时，擦迪安牌美面膏以清洁毛孔，滋润皮肤"，"翌晨起身"，"蘸迪安牌美容水遍洗面颈"，"可使肌肤焕然一新"，"美颜之法，尚有更便于此者乎？请今日即试用此种妙品"。标题位于广告右上方，"请用此种美颜妙品，使皮肤秀丽可爱"，标题平行位置的左侧写着"赠送样品"，"如承示知姓名地址并附邮票"，"寄至……老晋隆洋行迪安化妆品部，当即奉上迪安牌美霜及美面膏各一样瓶"。这则附属广告的作用在于通过赠送样品吸引顾客试用的方式推广这款化妆品。

图 2－24　1933 年 2 月 3 日《大公报》（天津）的老晋隆洋行"迪安化妆品"广告

　　当时，摄影作为新兴事物逐渐走进普通人的日常生活，摄影公司也往往将附属广告嵌入自己的正体广告当中，与医药医疗、烟草、百货零售的附属广告有着相近之处，都通过赠送吸引人。1934 年 10 月 2 日美华摄影公司"开幕大赠送"的广告里，将关于赠送的附属广告放在最显眼的地方，"本公司新张开幕，为优待顾客起见，特别赠送优待券"。随后介绍公司的主要业务，"特聘美术摄影专家专照孤光肖像、喜寿宴客、毕业学式及欢迎纪念留影并拍家庭电影等"，"代客冲洗胶卷、放大上色"（见图 2－25）。1935 年 4 月 2 日中国摄影公司营业部"特别大赠送"的附属广告里写道："自三月十五起四月十五日止，如在此期内摄影一次满六元者，赠送廿四廿放大一张。"

2－25　1934 年 10 月 2 日《大公报》（天津）的美华摄影公司
"开幕大赠送"广告

　　当时附属广告种类繁多、语言生动且独具匠心，由以上这些广告可见一斑。这些以"赠券""赠送样品""奖券""开奖"为卖点的附属广告，有购物发给赠券、奖券的，有在商品中夹带赠券、奖券的，有以商品包装换物的，有赠送画片证券、彩票、面盆、毛巾、花露水、香皂、肥皂、火柴、挂壁日历、扑克牌、夹银烟盒、真皮手提箱、夹金手表、金戒指、自行车、新式留声机等物品的，如不需要赠品有时也可直接换实洋，还有提供免费看病服务的。除此以外，也有不少公司、商号借助季节时令和政治时事来推介自己的商品，例如 1932 年中国南洋兄弟烟草有限公司津局多次刊登"秋节大赠送""冬至大赠送"的附属广告。

除上述形式外，附属广告还常以"大减价"的形式出现，在刊登正体广告之后或刊登正体广告的同时，配以"大牺牲""大减价""大出血"为题的附属广告，几个字占据半版和上下通栏的情况也时常出现。减价广告一般都限有天数，而且常以"减价只剩×天"，来提醒读者尽快购买。笔者在搜集此类广告时，看到一则以"最后的限期，一天比一天近了"为题的广告，与众不同。它是刊登在1927年1月27日的一则附属广告，"限期"指的是在一定时间期限内大公报馆为订户赠送与《大公报》相关联的《国闻周报》的报纸。

"本报继续出版，已经五个月了。承蒙社会各界，奖掖提携，销路日渐推广。上次曾为答谢提倡盛意起见，特定长期订阅优待办法，与国闻周报社订立专约。凡一次订阅本报六个月以上者，每星期赠送国闻周报一册，现在两千号不日期满，所余的只有二三十号，额数满时，不再举行优待。诸君如果觉得订阅本报，的确比看其他的报合算，那么不妨赶快向本报长期订阅部接洽，省得到临时抱向隅之憾。"这则广告虽然从大公报馆自身的角度出发，对其业务发展现状进行估量，但从附赠《国闻周报》"现在两千号不日期满，所余的只有二三十号"也可以看出，《大公报》"销路日渐推广"，许多读者"觉得订阅本报，的确比看其他的报合算"。赠送规则为，定《大公报》六个月，赠《国闻周报》二十五册，定《大公报》一年，赠《国闻周报》五十册（见图2-26）。从这则附属广告中可以看到，当时报馆为长期订户赠报的现象较为常见。借助附属广告，大公报馆能够吸引更多潜在订户的关注，提高报纸的发行量。同时，也可以看出《大公报》是商业性报纸，发行和广告是其维生机制，赠报广告是探索和挖掘发行与广告间相互促进、相辅相成机制的有益尝试。此外，此举还可以推动《大公报》和《国闻周报》之间的良性互动，有利于发挥两份报纸间的联动效应，扩大影响力。

最後的限期
一天比一天近了

定本報六個月 本埠繳三元八角
贈國聞週報廿五册值洋二元六角

定本報一年 本埠繳大洋九元 外埠繳三元八角
贈國聞週報五十册值大洋五元

本報繼續出版，已經五個月了，承蒙社會各界獎掖提携、銷路日漸推廣，上次曾登啓謝提倡盛意起見，特定長期訂閱優待辦法，與國聞週報社訂立專約，凡一次訂閱本報六個月以上者、每星期解送着贈國聞週報一册，現在三千號不日期滿、所餘的祗有一二三十號、領數滿時、不再舉行優待、庶幾訂閲我報長期訂閱部接洽、的確比看其他的報合算，諸君不妨趁快向本報長期訂閱部接洽省得到臨時抱佛脚之憾

欲在此最短時期享受優待權利請直接向本館長期訂閱部接洽可也

图2-26　1927年1月27日《大公报》（天津）的"《大公报》征订广告"

　　《大公报》的附属广告的另一特点是以努力推销国货为职志，着力提倡国货大赠送。例如，1929年1月21日中华国货贸易公司刊出了"宣传部赠送宣传品"的附属广告。赠品有新年月份牌、国货商报、东北模范农林场全场详细计划书、农林导报、出品货价表、公司概况书、新年春联等十种宣传品，以备爱国者索阅。1932年9月9日中国南洋兄弟烟草公司津局刊布的"新金马香烟大赠送"广告，着重强调"本烟为老牌上等国货"。1932年9月11日又刊登了一系列香烟广告，其中"白金龙香烟"广告称，"本烟品质优美，久荷爱护国货诸君赞许"。1934年7月7日元隆号绸缎庄刊出"赠送国货团扇"的附属广告，用大字写着"推销国货，特价贱售，透凉纱旗袍料"，并在正文里多次表明推销国货的志向，"本号为救济蚕桑复兴农村起见"，"举行国产纱绸夏布大展览，荷蒙各界爱国仕女惠临参观选购，实深荣幸。本号以努力推销国货为职志，凡到本号购货满二元者，每位赠送国货团扇一柄，以资纪念"（见图 2 – 27）。

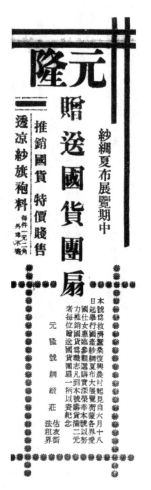

图 2 – 27　1934 年 7 月 7 日《大公报》（天津）的"元隆号绸缎庄"广告

《大公报》上文化教育产品的附属广告也不在少数，最常见的当数各个书局的广告。赠品有的是书籍、实洋书券，有的则是最新图书目录、改订实价本。1930 年 6 月 27 日世界书局将正体广告和附属广告融为一则广告，题为"世界书局初中教科书初中国文赠送本书一万册"。正文写道，"根据最近教育宗旨编辑"，"材料鉴别精严，分量支配得当，饶有文学意味，包含丰富情感，切近现代社会，吸诱进取精神"，"请将下表填明邮寄上海大连湾路世界书局总务处收，即寄一册"（见图 2-28）。

图 2-28　1930 年 6 月 27 日《大公报》（天津）的"世界书局"广告

1932 年 10 月 12 日大东书局的附属广告中，强调购书可获赠实洋书券。"购买本版各书满洋一元，赠实洋书券二角，购买外版文具满洋一元，赠实洋书券一角"。其 1930 年 8 月 24 日的广告，则以赠书为亮点，所赠图书是"水彩画教本"。该广告将正体广告和附属广告融合在一起，先是对教本进行介绍，"以实写的创作，暗示艺术界的真理"，"以详细的说明，指导水彩画的步骤"，"可作学者贡献新艺术于世界的基础"，"为现代水彩画教材中最适用的名著"。之后解释说明如何获取赠书，"全国书画教师将下列表格填就，寄上海四马路大东书局推广部，立赠一册"，表格要求填写"学校名称、学校地址、教师姓名、教师地址、担任学级、学生人数"等信息。

1937 年 4 月 20 日中华书局和商务印书馆同时刊登了附属广告。广告里，中华书局赠送的是最新图书目录。乍一看，这样的赠品并不十分吸引人，正文也对此进行了解释说明。"敝局出版图书已达五千余种，计一万余册。除各级学校用之教科书早已减低定价发售外，其余普通图书现亦酌量减价发售。各界如欲索阅最新图书目录，请写明信片寄上海澳门路中华书局广告课收，当即邮呈"。类似的，商务印书馆广告里称赠送"图书汇报改订实价本"。"图书汇报改订实价本"将减价后的图书价格一一列出。"敝馆出版图书一万余种，约三万册。其中教科图书及补充读本曾自去年以来迭将定价核减，印有一、二、三号改订实价书目。兹因一般图书亦酌量减价发售，为便于检查起见，另印图书汇报改订实价本。如承索阅，请寄函上海河南路二一一号敝馆推广课，当即邮奉。"

除书局以外，各种报刊也纷纷在《大公报》上刊登附属广告。这种借助《大公报》的广大读者群为自身报刊打开销路的做法，也证明《大公报》在当时有很高的声誉度，具有广泛的影响力。譬如，1935年 11 月进步报刊《大众生活》周刊创刊之时，先是在《大公报》刊布了系列正体广告介绍办刊宗旨，"灌输现代知识，适合大众需要"，具体地说，"本刊为大众化的读物。其主要目标，在根据现代中国的急切需要，力求民族解放的实现、封建残余的铲除，与个人主义的克服，就大众利益的立场，用通俗生动的笔调，对国内外的重要时事，贡献其客观研究的意见；对政治、经济、社会、文化各方面的重要问题，作精密确切的分析与平心静气的讨论：希望由此引起大众对于时

事及重要问题的特殊注意与研究兴味",并列出了创刊号要目。之后,
在 1941 年 9 月 30 日则登出了相关附属广告,"韬奋主编《大众生活》
征求纪念定户","只余今日最后一天了","订阅本刊半年以上,得享
优待","定费照定价减收八折","赠韬奋《抗战以来》一册"(见
图 2 - 29)。

图 2 - 29　1941 年 9 月 30 日《大公报》(香港)的《大众生活》
"征求纪念定户"广告

三 对应广告

对应广告，即反假冒广告，是为了打击假冒伪劣产品，维护公司、商号和店铺自身权益而发布的广告。"假冒"通常也被称为"冒充"或"混充"，反假冒广告是随着当时欺骗性地模仿和仿制他人公司、商号、店铺的商标、商品及服务行为的出现而出现的。当时的常见行为往往是给自己的商品冠上他人的商标和名称。

翻阅《大公报》上的反假冒广告可以发现，这类广告往往采用"声明""启事"的形式，有的广告主为了说明本广告的重要程度，还加上了"紧要"二字。总体来看，广告主在《大公报》上刊布此类广告的目的分为三种。第一种是借助广告打击侵权假冒商品，消除假冒商品带来的不良社会影响，维护自身权益。

例如，1929年3月28日一则"悬赏调查假冒商标"的广告。该广告先是使用较为简短的语言介绍自身商品的特色和影响力，"上海进步厂人球牌线袜经穿耐久，人人欢迎"。之后，说明因为自身商品广受欢迎，销量增加，致使不法之徒想借机模仿渔利，"近因销路大增，竟有本埠某工厂仿冒人球商标，希图影射欺人，殊堪痛恨"。最后，宣示对假冒商品将采取的反制措施，并提醒顾客购买时认准其商标，以免上当，"除悬赏调查该冒牌工厂地址以便追究外，兹特登报声明，人球牌线袜乃最高之线袜，其余人顶球、人打球等等牌号皆系假冒，勿受其愚"（见图2-30）。

又如，1931年9月18日大明眼镜总公司刊登了一则"大明眼镜总公司为中山牌眼镜禁止假冒启事"的反假冒广告，向读者说明中山牌眼镜是经注册和备案的正规商品，"中山牌眼镜为敝公司独家发明，业经商标局注册、工商部备案"，因而"各界诸君无不爱戴"。近期随着销量大幅增长，出现了假冒商品，"自发行以来销路日广。近有不肖之徒希图渔利，竟将劣货冒充，使顾客鱼目混珠，是非莫辨"。假

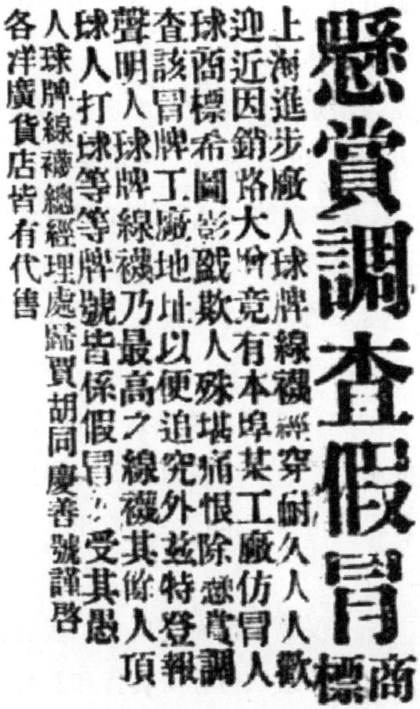

**图 2 - 30　1929 年 3 月 28 日《大公报》（天津）的上海进步厂人球牌线袜
"悬赏调查假冒商标"广告**

冒商品对顾客和公司均有损害，"不但欺骗顾客受害且于敝公司营业有莫大之影响"。因此登报郑重声明，"此后倘再有假冒情事，一经察出，敝公司当依法追究。务请各界惠顾，诸君认明'中山'字样与经理遗像及有 NCOCN 英文字样，庶不致误"。

此种反假冒广告并不仅限于百货零售业，在医药等其他行业也很常见，往往遵循类似的体例。1933 年 6 月 30 日，上海文达药厂在"为万应十滴水谨防假冒紧要声明"里写道："本公司出品之万应十滴水为防疫灵药，神效卓著，素蒙采用人士赞为夏令神药，以故销行宇内，口碑载道。近查类似本厂出品之十滴水充斥市上，鱼目混珠，以伪仿真。值此炎暑，平津疫疠盛行，病者一经误服，即有性命之忧，贻害病家，实非浅鲜。为此郑重警告采购诸君，务请认明瓶上有万应十滴水字样及包内附有前内务部化验证书方不为宵小。夏令已届，疫疬已见，请即备购以防不测。"

此种广告往往循规蹈矩，依照较为固定的体例和格式，不过也有例外。譬如，1935年3月29日的"上海中华第一针织厂菊花连合商标警告假冒启事"，以讲故事的方式较为详细地介绍了假冒商品充斥市场、侵害自身权益的来龙去脉。"本厂销售墨菊商标线袜，质料精良，营业益常进步。迩来销路反不如前，本厂调查原因，始知受冒牌之影响，不得不追究挽救营业前途。经本厂调查，毕竟华北各省内地市面假牌充斥，鱼目混珠，真货反遭冒牌之排挤。"最后，阐明该厂的态度和要采取的措施，"本厂为挽回权利发展实业，计除派员四出侦察外，如市面仍有假冒情事，本厂一经查出，决与法律周旋，特此登报警告"（见图2－31）。

第二种反假冒广告不仅说明市面上出现了假冒商品，妄图鱼目混珠，而且会细致地向读者介绍如何分辨真货和假货，提请业界和顾客拒绝假货，保护自身权益。例如，1929年7月5日，津茂福新面粉公司刊登了一则题为"假冒声明"的广告，先是指出"近闻天津市场有以绿兵船旧袋改装次劣洋粉假冒绿兵船牌行销，鱼目混珠，损人名誉"。然后，说明该公司要对假冒侵权行为采取措施，"严密访查送官究办"，同时着重提请购买者注意辨识，"要知绿兵船真牌面粉袋口系用机器针缝，与寻常手缝口不同。请各界注意，幸勿受愚"。

1935年10月4日爱世开洋行刊布了"假冒三那星鉴定法，奸商查出即日登庭"的广告，先是说明有不法之徒仿冒该洋行的正规药品，之后列举了两栏文字，着重对比真货和假货所具备的特征，每栏包含九条甄别的方法，以供购买者进行分辨。例如，真货"装潢齐整美观"，而假货装潢粗劣不整；真货的"英文说明书纸质滑而光泽"，而假货的"英文说明书纸质粗而无光"等。

上海中華第一針織廠菊花連合商標警告假冒啓事

啓者本廠銷售墨菊商標線襪實料精良營業益常進步邇來銷路反不如前本廠調查原因始知受冒牌之影響不得不追究挽救營業前途經本廠調查畢竟華北各省內地市面假牌充斥魚目混珠真貨反遭冒牌之排擠本廠爲挽回權利發展實業計除派員四出偵察外如市面仍有假冒情事本廠一經查出決與法律周旋特此登報警告

图 2-31　1935 年 3 月 29 日《大公报》（天津）的"上海中华第一针织厂菊花连合商标警告假冒启事"

　　1935 年 11 月 6 日"律师李洪岳代大昌号冬菜庄声明假冒商号商标启事"的广告中，先对大昌号冬菜庄的冬菜在市场上的销售情况进行介绍，"行销远近已十余年，信用卓著"。随后，说明大昌号冬菜庄使用的是"牧牛商标"，"一牧童骑牛吹笛，牛头向右"。近期有人故意仿制该商标，"以大昌号记名义制售冬菜仿用童牛商标"，假商标上也有"一牧童骑牛"，但"牛头向左"。该行径"实属故意蒙混取利"，"务望各处主顾比较货物辨别真伪为要"。

　　1936 年 9 月 13 日广生行有限公司的"提防假冒双妹老牌生发油及花露水"广告可谓此种广告当中最为典型的（见图 2 - 32）。首先，说明该公司的"双妹商标"是经注册的正规商品，"别人不得冒效及影射"。之后，表明该公司生产的各种化妆品受到顾客的喜爱，"久已备受社会各界之欢迎，亦为爱用国货同胞所赏识"。由于品质优良，颇受赞誉，有人企图仿冒或影射，"盖因制造得法，质料精良，有以致之。惟尔来世风日下，人心不古，有等无耻之徒、奸贪之辈希图渔利，以伪乱真，将所制恶劣之品，冒我商标或模仿招纸之形肆，其影射即如。最近查得大连埠有等奸商将本公司之双妹生发油仿冒，以图混售渔利"。有鉴于此，"特将该伪油之辨别法列下，俾免购用真货者为其所愚也"。其后，列举了五条辨别真伪双妹牌生发油的方法，并附有双妹嚜生发油的正式图样和假冒品的图样，以供辨别。

**图 2 - 32　1936 年 9 月 13 日《大公报》（上海）的广生行有限公司
"提防假冒双妹老牌生发油及花露水"广告**

　　在此基础上，该广告继续写道，不法之徒所仿制的不仅有双妹生发油，"又最近查得厦门宝文洋行内之联友号专印制伪冒本公司双妹花露水标纸发售，料向其购买伪标纸而制伪货者不少"。"现则虽已将此等奸商人赃拿获"，"但其既有伪标纸售出，难免即有伪货混售。而该伪标纸其印制亦颇精巧，骤然视之，颇难分辨。兹特将该伪标纸与真者辨别于下，俾购用双妹货者不至于为其所欺也"。最后，列举了四条真伪双妹牌花露水的甄别方法，并刊登了双妹嚦花露水的正式图样和假冒品的招纸图样，以示区别。

与其他此类广告不同的是，该广告花费不少笔墨来表达对仿制及影射者的痛恨，"苟其有制作之能力，自料可占优胜之地位者，何不别出心裁，费些脑力，独树新奇之商标，另创特异之招式，奚必出以假冒及影射之卑污手段，损碍他人之商标名誉及侵害他人商标权利也哉！"最后提请顾客购买时注意，"兹特再为登报警告一般爱用双妹生发油及花露水者，以后购用时必须认明双妹嚦之老牌子及分别真伪方可购用"。

1942 年 3 月 4 日 "中国家庭工业社杜绝假冒三鹊牌香烟紧急启事"里提到，"本社出品三鹊牌香烟行销各埠，久蒙各界欢迎。近有无耻之徒影射三鹊牌欺骗世人"，这说明市面上出现了假冒商品。不同于上述广告列举辨别真伪商品的方法，这则广告强调，该品牌香烟为打击假冒商品启用了防伪标志，"为防止假冒起见，于每小包内增附辨真券，以备爱吸三鹊牌香烟诸君易于识别"。

1944 年 5 月 1 日 "循规机厂为出品活塞环杜防假冒设邮售部"的广告，先是介绍该厂生产的"活塞环"受到顾客的认可，"活塞环为本厂出品之一年来，经精心研究，一再改良，对材料之配合，制造之精密，无不悉合标准，各方采用备极赞誉"。接着说市面上出现了假冒商品，"乃近有不肖之徒竟以粗制滥造之劣品，假冒本厂牌号在各处混售"。假冒商品不仅危害该厂利益，而且还会给顾客带来损失，"此不特与本厂名誉攸关，即购主一经采用亦有损坏机器之恶果"。因此，该厂使用了防伪标志，"每一活塞环上镌刻圆规商标以资识别"，同时还特意设置了邮售部，"凡外埠购用者可将牌号尺寸开示并汇下货款关税邮费，本厂即于奉到后妥为包装，由邮局挂号寄上"，以抵制假冒商品。

第三种则是通过说明盗用、效仿、冒用、影射者之多，来展现自身的知名度，以此说明之所以出现假冒商品是因为其商品已家喻户晓。例如，1932 年 2 月 6 日的闫氏制药所"天然清补丸"广告分为两个部分：其一是"天然清补丸"的功效，"凡服过此药者均知奇效"；其二是"谨防假冒及相似名称"。后者看似是反假冒内容，实际上，阅读全文方知，也是对药品功效的介绍。

1937 年 3 月 24 日"肇基老牌氩气弹簧泡"广告的右侧大字号写着"谨防假冒"，正上方写着"最新发明""肇基老牌氩气弹簧泡""科学制造"，看似为一则反假冒广告，但是细看正文的内容，还包含肇基老牌灯泡调换免费赠券、经销处等信息，更重要的是，"谨防假冒"的下面写着"保存肇基灯泡空壳有奖金三千元希望"。"谨防假冒"四个字的左侧写着一排小字"敬告国内外电料行及顾客公鉴"，貌似是反假冒商品的内容。细读之后发现，它与前文提到的反假冒广告有所不同。"本行电料部自发明肇基老牌氩气弹簧泡以来，辱承国内外电料行及顾客争先汇款定批，但因限于人事及机械虽日夜工作仍属供不应求"，"兹特规定以收到函电及汇款之日期为序，依次装运。惟在此应接不暇之间，恐有无耻不宵之徒，以杂牌灯泡鱼目混珠，欺蒙顾客。为特紧要通告，幸国内外各电料行及顾客于购买本牌灯泡之时认明商标，庶不受欺"。可以看到，该广告的主要目的并不是斥责肇基老牌氩气弹簧泡被他人仿制，而是着力说明该商品如何供不应求、如何被业界和主顾所称道。实际上，从"恐有无耻不宵之徒，以杂牌灯泡鱼目混珠，欺蒙顾客"这句话可以推断，市面上尚未出现该商品被仿冒的现象，其初衷更多的是借助"反假冒内容"来提升商品的知名度，提请顾客认准其商品和商标（见图 2-33）。

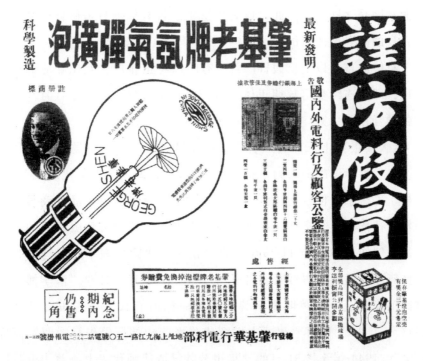

图 2 - 33　1937 年 3 月 24 日《大公报》（上海）的"肇基老牌氩气弹簧泡"广告

同样的，1932 年 3 月 2 日，韩奇逢药房无限公司的广告题为"认明商标，以防假冒"，但正文全部是对药品的介绍。1934 年 6 月 5 日，瑞有氏药行的广告标题为"认明商标，以防假冒"，但正文和图片都是关于瑞有氏黑色补丸的介绍。1937 年 5 月 31 日，慎昌洋行的"请购具有标记之电风扇，谨防假冒"的广告标题里写道，"请购具有'奇异牌'标记之电风扇，谨防假冒"，左边写着"保用十五年，售价低廉，人人能购"，但并未在正文里提及反假冒内容。1937 年 7 月 5日，普太和药房题为"肝胃病，保好请服舒肝调气丸"广告中，标题的下面写着"化验注册，证明有效，谨防假冒"几个字，但正文都是药品介绍的内容。1941 年 12 月 17 日樟树国药局的一则广告里有药品介绍、聘任国医、警告假冒商品三个主题，从左到右依次为其药品金鹿丸的主治摘要、国医来桂林樟树国药局担任内科医师兼医药研究处主任的启事，以及律师邹舒翘受任桂林樟树国药局法律顾问兼代表警告假冒牌号之同业。由此可以看出这则广告有借助打击假冒商品来提升自身的知名度的目的。

总体而言，以上反假冒广告，有时以与正体广告互相呼应的形式出现，即先连续登出数期正体广告，再刊出对应广告，也有时与正体广告融合在同一则广告之中。

《大公报》上反假冒广告的另一个特点是，广告标题也不断地演进。有一种标题的形式为"律师代表广告"，即由某律师代表某公司、商号、工厂来行使权利，体现以法律的手段打击假冒商品或商号，对假冒行径依法追究责任、严惩不贷的态度，以此警告意图假冒的不法之徒。例如，1936 年 11 月 6 日的"丘汉平律师代表华安大药房为戒烟良药黑海星被人假冒紧要启事"，1940 年 12 月 3 日的"法学博士吴骐律师代表冠生园声明生字牌启洁糖商标所有权并警告假冒启事"，1943 年 2 月 27 日的"律师韦宝辉代美光葡萄烟厂警告意图假冒商标启事"，1944 年 5 月 31 日的"梅祖芳陈汉清律师代表上海益丰电料厂为岳飞火车两牌电池被人假冒悬赏缉拿并警告各零售商紧要启事"，1945 年 2 月 24 日的"陶宗祥律师代表上海大新化学工业社警告假冒商标紧要启事"。

除标题之外，有些行业的反假冒广告语也遵循着一定模式，这可以在医药广告中找寻到线索。如 1935 年 5 月 27 日愿和诊疗所"解毒戒烟素"的广告标题为"打倒夸张失实的投机劣药，开辟戒烟自疗的安全途径"。1936 年 9 月 2 日，香港中央大药厂"鸦片白面戒除新药——金牛素"的广告中也有类似的表达，"打倒夸张失实的投机劣药，开辟戒烟的安全途径"。

四　悬念广告

"悬念"是小说、戏曲、影视等艺术作品中的一种常见表现技法。悬念广告，即将这种表现技法运用在广告的构思和设计当中，通过在广告里设"扣子"、结"扣子",设置悬而未决和结局难料的安排,暂摄情形,欲言又止,以所谓"欲知后事如何,且听下回分解"的形式勾起读者的期待。《大公报》的悬念广告是吸引读者兴趣和注意力的一种广告手段,常见形式大致可分为五种。第一种是,先在报纸的某一版面刊登一则悬念广告,再请读者参见当日报纸的另一个版面解开悬念。例如,1937 年 7 月 3 日《大公报》的第 2 版有这样一则广告,"注意!北平各私立中学招生联合广告在本报第五版!"翻开第 5 版可以找到"北平各私立中学招生联合广告",发布者是北平各私立中学,广告列出了 32 所学校的校名、考期和校址。

又如,1936 年 6 月 2 日《大公报》第 2 版上登出一则广告,名曰"请注意本报第二张第六版实闻广告"。在第 6 版上能够找到关于"实闻"的广告,称实闻"是专办发行言论公正、消息灵通、有翔实新闻、有伟大贡献的书报杂志社。以诚实敏捷,为社会服务,谋大众便利"。但这则广告的结尾处又设置了一个悬念——"详情阅明日此处"。后者实际上是《大公报》上常见的第二种悬念广告,在当日的广告里只登出悬念,不予以分解,令读者揣摩下文并关注次日的广告,在次日广告中解开悬念。在 6 月 3 日第 6 版,实闻书报杂志社解开了悬念,称实闻书报杂志社"为谋大众阅读国内外翔实消息、新闻及爱好文艺小品者,省时、省费起见,按日运到精干扼要包罗万有之上海《时代报》《立报》,及南京《朝报》《南京人报》,在津派售,一经阅读,当有不使间断之感,谨将价目及优待办法列后",并列出了以上两种、三种报纸的合订优订办法。

通过查阅《大公报》可以看到,大公报馆也常常使用悬念广告。例如,在 1927 年 3 月 6 日《大公报》第 8 版的"本栏启事"里,就设置了"扣子"。"因为许多读者的要求,我们决定将本栏的编到改变。'艺林'请他搬家,搬到第五版上。所有长篇的小说和诗词、笔记之类,让他们有个固定的地位,此他却特别挂起一面'铜锣'来,专载短稿子。至于为什么要起这个怪名字,明天请看。"(见图 2 - 34)在第二天3月7日的报纸里，果然第8版的栏目更名为“铜锣”，“铜锣”的第1号刊有何心冷的短文，开头写道，“人家问你对于时局的判断如何。你不妨答他‘或者’如何、‘大概’如何。决错不了”，随后以一种娓娓道来的方式解释了为什么要挂起一面“铜锣”来。

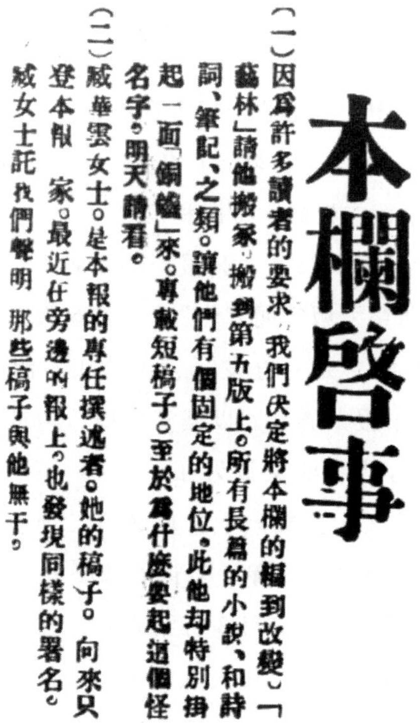
本欄啓事

（一）因爲許多讀者的要求，我們决定將本欄的編到改變。「藝林」請他搬家，搬到第五版上。所有長篇的小說、和詩詞、筆記、之類。讓他們有個固定的地位。此他却特別掛起一面「銅鑼」來。專載短稿子。至於爲什麽要起這個怪名字。明天請看。

（二）臧華雲女士。是本報的專任撰述者。她的稿子。向來只登本報 家。最近在旁邊的報上。也發現同樣的署名。臧女士託我們聲明 那些稿子與他無干。

图2-34　1927年3月6日《大公报》（天津）的大公报馆的悬念广告“本栏启事”

1929年10月8日的一则广告里仅有几个字，“何为一世之福请明天看吧”，没有提到商品，也没有标明商号（见图2-35）。在次日的同一个版面当中，在相近的版面位置上有一则广告，题为“我从此不再咳嗽了”。广告里以第一人称的口吻说：“我多年的咳嗽，从此是完全好了。”因他在去年咳嗽厉害的时候，有一位朋友告诉他去买孙医生所发明的“一世福”丸药，专治咳嗽痰喘，服下准保除根。他随即买了两盒服下，果然渐渐就好了，至今未再犯。他认为“此福不敢独享，故特为患咳嗽痰喘的同胞们介绍"。跟着道出药店名称，有此病者速到"延寿堂孙家药店购服此药，准保除根"，并请治愈者身体力行广为介绍此药的药效，"服此药后，若是完全好了，方证明我的话是实在的，并望多多介绍，解除患者痛苦"，"何乐而不为呢?"将前后两天的广告联系在一起，才知晓"一世之福"指的是治疗咳嗽的"一世福"丸药。据该广告所言，此药"专治咳嗽痰喘，服下准保除根"，因而也可谓患者的"一世之福"。

图 2－35　1929 年 10 月 8 日《大公报》（天津）的延寿堂孙家药店的悬念
广告"何为一世之福请明天看吧"

1933 年 4 月 6 日国货售品所的一则广告写着"注意明天国货售品所广告!""国货运动""各种国产全部大陈列"，寥寥几笔设下悬念。再看 4 月 7 日国货售品所的广告，方知"国货运动"指的是售卖各种国产商品，包括国产纯毛哔叽、旗袍呢、中山呢、合丝呢、檀香皂、印花手帕、男女线袜、搪瓷盆等，并提到"随货赠送奖券，买货一元，即送一张"。

翻阅《大公报》可以发现，各行各业都刊登过此类悬念广告。例如，1934 年 12 月 1 日的一则广告，最上面写着几个大字"注意明天"，正文的居中位置写着"有大批廉价货物出售请看明天本栏广告"，落款为"大华南纸书店"。次日的广告揭晓了答案——大华南纸书店将特卖货品列出，有故宫日历、铅笔、红橡皮、钢笔杆、红蓝各色铅笔、红蓝各色绘图墨水，并分别标出了原价和特价，通过价目比较显示本次出售的特别优惠。

又如，1935 年 9 月 24 日《大公报》第 1 版刊布了一则套红广告，也是该版唯一一个套红的广告。广告的最上面印有一张赠券的整券，抬头为"商务精进社"。正文里写道："上列之券并非彩票，将于最短期内与诸君相见。此券能为诸君换来许多有用礼物，欲知详情请注意明日本报第四张广告。"以此吸引读者的关注和兴趣。次日则使用吸引人的广告语作以解答，标题为"礼物奉赠""不费分文"，并称"'联合赠品券'系由本埠近代化若干商店分赠于顾主者"，此项赠券无论由何家赠出均可到商务精进社换取各种物品。"本社所备物品其兑换价值不一，或需'联合赠品券'数百张，或需数十张，或需十数张，即一张之微亦可换取物品一件。"最后写道，"本社备有赠品二百余种均系名厂出品"，"名目繁多，不及备载，请驾临参观无任欢迎"。

再如，1941 年 7 月 20 日有一则图文并茂的广告，题为"补品名目繁，选择的确难，欲得好补品，明天板此版！"广告中附有种类繁多的补品的插图，补品周围环绕着大大的问号，还有一只手指向这些补品，用文字和插图配合说明挑选好的补品是颇有难度的。次日新亚药厂的补品"胚生蒙"的广告解答了悬念，插图里罗列了该补品的各种成分，并称"含有如此名贵成份，当然推为最好补品"。

第三种常见的悬念广告往往会在当日登出悬念，让读者在次日广告里寻觅答案，但次日的广告并不会解答，而是让读者继续关注以后的广告，通常在第三日或数日后才真正揭晓答案。如 1927 年 6 月 3 日德信洋行登出的广告只有一句话，"请看明日此处广告，当有莫大益利"（见图 2 - 36）。6 月 4 日德信洋行又刊出类似的广告，"请看明天今日此处广告，当有莫大利益"，在广告的最下面一行写着"德信洋行"几个字（见图 2 - 37）。在 6 月 5 日，德信洋行的广告里只有一张插图，是一辆自行车，在广告的最下方同样写有"德信洋行"的字样（见图 2 - 38）。到了 6 月 6 日，德信洋行刊登了一则广告，题为"要骑好自行车者注意"，正文写道，"英德两国著名车只两种，货存无多，切勿错过"，"站人牌车售现洋五十元、国强牌车售现洋六十五元"，"各界诸君如付现洋廿五或三十元皆可骑新自行车一辆，欲知详情请驾临敝行询问或函询均可"，再次配以自行车的插图（见图 2 - 39）。历时四天，读者才知晓广告主德信洋行提到的"莫大利益"指的是"著名"自行车存货有限，欲购从速。

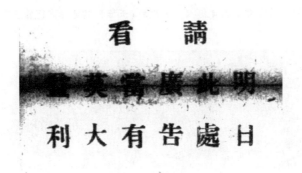

图 2 - 36　1927 年 6 月 3 日《大公报》（天津）的德信洋行悬念广告之一

图 2 – 37   1927 年 6 月 4 日《大公报》（天津）的德信洋行悬念广告之二

图 2 – 38   1927 年 6 月 5 日《大公报》（天津）的德信洋行悬念广告之三

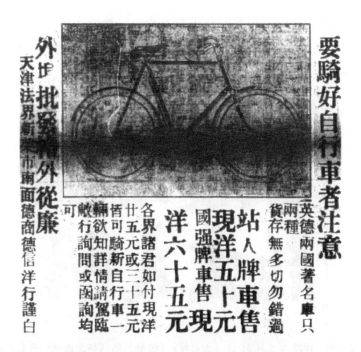

图 2 - 39　1927 年 6 月 6 日《大公报》（天津）的德信洋行悬念广告之四

　　第四种悬念广告是当日只登悬念，并不告知读者答案，读者只有亲临现场、亲身体验、亲身感受才能获得答案。如 1927 年 5 月 31 日的一则广告只有几个字"华北晚报明天出版"（见图 2 - 40），这样一份新兴报纸的内容如何呢？以此设置了悬念。虽然此种表现形式能够引起读者一定的兴趣，但是为读者提供的关于《华北晚报》的信息少之又少。相比之下，1930 年 5 月 20 日的广告"请看明天出版短小精悍之平津日报"，更容易吸引读者的关注。广告里不仅提到该报"持论公正，消息灵通"，而且列举了该报内容，包括《文艺周刊》《妇女周刊》《蜂业周刊》《电影周刊》《戏剧周刊》《歌舞周刊》《小朋友周刊》，"专家主编、内容丰富、议论精彩、轮流刊登"，且新出刊"赠阅三天"。在以悬念广告为表现形式的新刊报纸广告中，1936 年 10 月 8 日的《大生报》的广告所运用的语言可谓夸张，开头便是"天津市的晴空霹雳——大生报后天要出版了"。接着介绍该报的内容，有

"惊人的新闻、特殊的记载、公正的言论、轻松的文艺","因筹备关系,每天暂出一大张内容应有尽有"。对于这样的悬念,人们只有购买报纸之后,才能获得答案。

图 2-40 1927 年 5 月 31 日《大公报》(天津)的《华北晚报》悬念广告

悬念广告并不限于新刊报纸,许多商号也纷纷运用这种表现形式来吸引读者的关注。1932 年 11 月 9 日的一则广告写道,明天起"中国唯一专销国产的百货店","天津国货售品所举办'盛大之国货展览会'","会内有特别贱卖之货品",以此吸引读者的注意。除会址和日期外,广告里还写有赠送奖券的消息,"注意:在本所买一元货,仍送一张奖券;廿一日即行开奖",以吸引读者亲临现场选购货品。类似的,还有 1933 年 6 月 10 日的一则广告,题为"由明天起在北马路举行'一元钱'大廉价",读者看到这里可能会产生好奇,想知道"一元钱"能买到哪些货品。广告接着写道,"明天上午九点在北马路总所开奖","夏季货品,每元一组,吃穿日用,无物不备,有你想不到的便宜",且"买货一组,可得百元"。

1933 年 10 月 8 日,海京毛织厂门市部在广告里首先抛出三个问题设置悬念:"要做西服的诸君,为着下列的问题……(一)价钱便宜否?(二)质料坚固否?(三)花样时髦否?"在此基础上道出顾客的心理——"往往踌躇着莫能解决",最后解开悬念,"那么请到本厂来一试,种种问题,便可迎刃而解"(见图 2-41)。

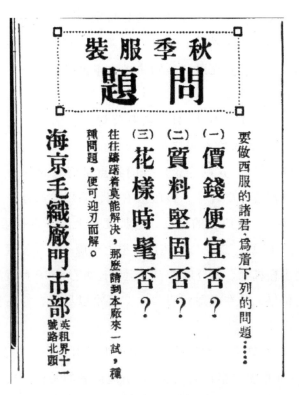

图 2-41　1933 年 10 月 8 日《大公报》(天津) 的海京毛织厂门市部
悬念广告"秋季服装问题"

第五种悬念广告会在广告的前半部分设置悬念,在后半部分自行解开,先通过设置悬念引起读者的注意,再解开悬念以加深读者对该商品的印象。例如,1931 年 10 月 31 日一则广告的前半部分写道"明天起赠送现大洋二千元各界留意",以此吸引读者的兴趣,后半部分道出迷津,列出了头彩、二彩、三彩、四彩、五彩独得洋和末彩合得洋的数目。

综观《大公报》可以看到,很多广告主看好此种悬念广告,有许多精巧的构思。例如,惠罗公司在《大公报》上刊登了大量悬念广告,有的提示读者留意次日的报纸,有的则恭请读者莅临现场;次日的广告不仅介绍货物的种类和价目，还约请读者亲临选购。例如 1934 年 1 月 14 日的广告写道 "酬谢顾客削本牺牲贱卖，请注意明天广告"。次日，刊登了惠罗公司 "酬谢顾客起见特别削本大牺牲，贱卖今日一天" 的广告，货物有毛线小孩帽、西服领带、英制热水瓶、纯毛床毯等，在此基础上特意补充道 "货物繁多，本报难以尽载，请驾临敝公司参观便知言不虚也"。

同样的，1935 年 7 月 14 日，惠罗公司广告的正文十分简短——"注意！！！ 明天半价货物本报广告！！！"最下面有几个小字："良机无多，务请早临选购"。这则悬念广告的特点是将悬念的设置与排版的别出心裁巧妙配合。广告位于该版最右侧，采用较为夸张的竖式通栏设计，宽度接近一般广告的标准，但长度从上至下占据版面的通栏。次日，即 7 月 15 日，惠罗公司使用占据上半版正中间位置的大篇幅解开悬念，列出楼梯毯、摩登麻纱料、运动连裤衫等 19 种货品的原价和现减售洋的价格，并在末尾标明 "本广告难以尽载，驾临参观便知言不虚也"。

1935 年 7 月 21 日，惠罗公司刊出更为吸引人的广告语，"各界注意！！ 明天一元甩卖本报广告！！！"以引起读者的关注。次日，广告里除列出雨衣、窗纱、弹簧小儿车等全部大减价的货物之外，还对日前广告里设置的一元甩卖悬念进行着重说明，"敝公司自夏季全部大减价以来蒙各界不弃踊跃惠顾，每日颇称繁盛。本星期为答谢主顾起见，特将各部货物陈列一组为一元钱酬谢部。货样齐备，然时日无多，只此一星期，务希各界早临，俾免向隅"。广告里列出的一元货品有爽身粉、自来水笔、热水杯、八里香粉等 14 种，并强调 "货物繁多，本报难以尽载，驾临参观便知言不虚也"。

此外，有些行业对悬念广告有着特别的偏爱，悬念广告成为吸引读者注意力的一种常用手法。譬如，在《大公报》上，平安电影院多次利用悬念广告来为其新片《仲夏夜之梦》做宣传："这儿有瑶台玉府，霓裳羽衣。这儿有蓬莱仙境，天乐韵韶。经过两年余之时间，实耗一百五十万金元，绞尽数千人之心血，精益求精，方能成此空前绝后的影坛奇迹。"广告中还提到"最末两场"以吸引读者的好奇，这一别出心裁的广告取得了不同凡响的效果。

值得一提的还有"景星大戏院"的戏剧广告，先是在广告的最上端写有"欲使身体健康终身无疾病者"的竖排大字，读者看到后急切地想知道如何才能"身体健康终身无疾病"。下文中谜底终于揭开——刊出一条字体略小的"快到景星大戏院"的广告语，并告知当天日夜开演预防疾病、延年益寿的《医验人身》影片，可谓手法夸张的戏院悬念广告。

再如1935年3月7日的广告，广告的左侧写出一条广告语"注意明天"，右侧则以第一人称的口吻说道："列位，我来啦！"正文里接连问了四个问题，以引起读者的好奇："您爱我吗？您看我好玩吗？您愿意同我交朋友吗？您愿意同我谈谈吗！过两天我找个地方候您啦！"上方配有一幅可爱的外国小女孩的照片（见图2－42）。次日广告对前一日设置的悬念提供了一些线索，但仍然是欲言又止，令人琢磨不透。开头也使用了类似的手法，"列位，我的名字叫莎丽·澄波（后译为秀兰·邓波儿——引者注）"，"我最新主演的片子是《小安琪》。您要愿意看，过一天我告诉您地方！"再次让读者"注意明天广告"（见图2－43）。到了3月9日终于揭晓答案，明星大戏院将在明天上演"派拉蒙公司幽默讽刺社会滑稽惊人第一片"——《小安琪》。广告写道，该片由1935年荣膺十大巨星第三位的莎丽·澄波出演。"做父母的看了此片，会增进痛惜儿女的心肠。做子女的看了此片，无形中胜于受十年教育"，"明天随本片赠送莎丽·澄波精美照片一张"（见图2－44）。

图 2 – 42　1935 年 3 月 7 日《大公报》（天津）的戏院悬念广告之一

图 2 – 43　1935 年 3 月 8 日《大公报》（天津）的戏院悬念广告之二

图 2 – 44　1935 年 3 月 9 日《大公报》（天津）的戏院悬念广告之三

　　又如，1932 年 6 月 29 日美商中国营业公司的广告，题为"投机事业切莫轻试"，开篇便设置悬念"骰子赌博，胜负难决，然大概输多赢少，何必将汗血金钱与宝贵财物……尽亏于毫无把握之投机事业？""君欲投资，切勿投机。因君系稳健之投资者而非盲从之投机者……稳健投机实为致富之基础。""何谓致富基础？"接着解开答案，即如中国营业公司之八厘债票之投资。此种投资有二十余年之营业成绩与本公司全部资产之保障"。8月17日，该公司又刊出一则广告，文字和插图相辅相成，所设悬念蕴含其中。广告题为"投资稳健，年息多得三分之一"，图中有人手拿尺子仿佛在测算收益。正文写道："此乃现代致富之道。凡投资于本公司八厘债票者，皆知其利。因本公司出最优厚之利息，给最稳实之保障。""本公司有五百万两之资本及一万万两以上之押款。仓库充实，不惧艰险。故君投入任何巨额之资产，可以稳赚厚利，高枕无忧。"结尾写道："试解上图之意，即知君在本公司之投资，可以按年生利不息。他日之收获未可限量也。"

五　自我广告

从以上四种体例的广告可以看到，《大公报》刊登了丰富的商业广告，将公司、工厂、商号和店铺所售卖的商品、提供的服务广而告之。同时，《大公报》不仅为他人作嫁衣，而且自作嫁衣，这从以下三则《大公报》发行的广告中能够窥见一二。新记公司接办《大公报》不久后就于1926年10月28日登出一则题为"直接订阅本报者鉴"的广告，"凡直接订阅本报诸公，如果收到本报过迟，乞随时知照本社，以便考查整顿，至为级感"。1927年5月11日的广告里称："本报为谋读者便利起见，凡直接在本馆订阅各户，每晨均由专差用自行车送报，时间极早，决不误事。欲阅早报者即希注意，随时通知本馆照送，已订各户万一有送到迟延情事，务请电告总局四五〇号，本馆发行部当立时查究。"又如，1928年3月1日的广告里写道："本报为便利直接订阅户起见，每晨由各路专差用自行车分送，非常迅速。欲早读本报者请径向四面钟对过《大公报》总发行部订阅可也。"这三则广告说明，新记接办《大公报》之初就很重视发行业务和送报的时效，即使偶尔出现延迟行为也会及时"整顿"，并提请读者对其发行业务进行监督。实际上，此类自我广告也是《大公报》上颇为常见的广告体例，它通过报纸本身向读者传播大公报馆的各项业务、服务以及要约邀请，同时也往往将办报思想、编辑方针、经营模式等隐秘地纳入其中。根据搜集到的史料，笔者将《大公报》的自我广告大致分为发行广告、承印广告、招聘广告、增刊休刊预告、招登广告启事和出版广告六种。

新记公司对发行的重视可谓贯穿整个新记《大公报》时期，这从不同年份和阶段发布的、隶属自我广告的发行广告可见一斑。例如，1939年10月28日的广告，题为"优待联合订阅大公报大公晚报"，正文写道"晨晚两刊，新闻衔接，联合订阅，特别优待，专差飞送，月费一元"（见图2-45）。1940年4月25日又刊出"欲订《重庆航

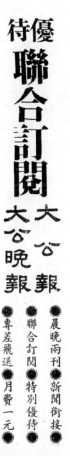

图2-45　1939年10月28日《大公报》（香港）的"优待联合订阅
大公报大公晚报"自我广告

空报》《大公报》，请驾临皇后大道中卅三号三楼本报发行股接洽"，"订价低廉，专差派送"。1941年5月9日的广告里将重庆、桂林两地《大公报》航寄报价敬告读者，"重庆《大公报》航寄报价每月港币三元三，零售每份一角五分"，"桂林《大公报》航寄报价每月港币三元正，零售每份一角三分"，"为本港读者便利起见，报纸寄到立即专人派送，如欲订阅请向利源东街本报发行股接洽"。

第二类自我广告是《大公报》的招聘广告。《大公报》重视培养和选拔报界的后进人才，对那些积极向上但家境贫寒的学子尤为照顾，这一点体现在1927年10月1日的"本馆招练习生"广告当中。广告中写道，"本报为造就报馆事务人才起见，拟招收练习生数名，须有高等小学毕业程度，年龄在十五六岁，文理粗通，书写敏捷，无恶习嗜好而能勤劳耐苦者。在学习期间，由本馆供给膳宿，并无津贴，俟练习期满，量才分配职务，如有家境贫寒、有志上进而无力求学、愿来本馆学习者，可于每日下午二时起五时止，亲来本馆应试"（见图2－46）。同时，新记接办之初致力于使《大公报》成为具有商业性质的综合性大报，因此为了扩大业务，开始在各埠招聘分销经理，这可以从1927年12月29日的"招请外埠经理"广告中找寻到依据，"如有愿任本报各埠分销经理者，佣金极厚，请邮径函天津《大公报》总发行部接洽可也"。

在续刊之初，天津大公报馆印刷营业部为了使印报的"老牛牌"平版机充分发挥作用，服务社会，除印刷新闻纸以外，还积极承揽其他印制业务。在《大公报》自我广告中，承印广告不在少数，续刊第二年的两则承印广告就很有特点。1927年12月4日的广告标题为"省事，省钱，省功夫"。正文则用讲故事的方式娓娓道来，"新年到了，亲戚朋友那里一处处去拜年，或是一处处写拜年信，决没有这许多闲功夫。不如到本馆来印些精美的贺年片，要楷书、要仿宋体，要铅印、要石印都可以使你满意。这么办法，岂不又省事，又省钱，又省功夫吗？"几天后的12月21日，又刊发题为"一天近似一天"的广告，内容与前一则承印广告一脉相承，"再不印贺年片，怎么赶的上新年交际！我们这里预备着许多样子，您爱怎么印法全行"（见图2－47和图2－48）。

图2－46　1927年10月1日《大公报》（天津）的"本馆招练习生"自我广告

图 2-47　1927 年 12 月 4 日《大公报》（天津）的"省事，省钱，省功夫"自我广告　　图 2-48　1927 年 12 月 21 日《大公报》（天津）的"一天近似一天"自我广告

到了 1929 年，大公报馆从上海《新闻报》买来一架二手轮转机，每小时可印几千份，遂开始承揽各种印刷业务。例如承铸整副铅字及铅印材，1934 年 2 月 12 日题为"大公报社承铸整副铅字及铅印材料启事"的承印广告能够说明这一点。"本社工厂宽大，设备完全，所出《大公报》《国闻周报》各种书籍以及代客承印之种种刊物。印刷精美，向为各界所称道。兹为发挥服务精神，提倡印刷事业起见，爰将工厂内铸字设备特别扩充，生产效率充分提高以便承铸整副中西文

各种字体、各号铅字，暨新奇花边、水线、符号、标点等等。铅印材料一经订约，无拘多少皆可于最短期内限期交货，且因电力铸字机比较人工出品迅速而成本较廉，故承铸各件取价尤为克己，尚希各处报界及印刷同业注意，如荷委托定能得满意结果，备有样本，函索附邮费一角即寄。"

数日后，2 月 27 日的"中西铅字"广告里，介绍了大公报馆所使用的"电力铸字机"的特色，并对比手摇机铸成字，说明电力铸成字的优势。"手摇机铸成之铅字，必须经过切尾与刨错手续，故其规矩高低不齐，印出活件难免有模糊与不真之弊，电力铸字机铸成者，规矩正确，毫厘不爽，兼铅料配合匀调，不但字峰毕现，而且坚固耐用。"这则广告还提到，"可代为设计及代办应用零件，购至千磅以上，尚可予以折扣，五千磅以上价目尤为便宜，本社志在服务社会，故价目特别克己"。在 4 月 12 日的"《大公报》铅字"广告中又一次提到，铅字"质坚量重，规矩准确，字体端正，笔画清晰，中文西文，各号咸备，交货迅速，定价低廉，备有样本，函索即寄"。1935 年 5 月 11 日的广告里写道，大公报馆可以承揽"印名片"的业务，1943 年 7 月 1 日的广告里更是具体列出可以承印"书籍表册、信封信纸、名片仿单、喜帖讣闻"，而且"交件迅速、定期不误"。

《大公报》还刊发了大量关于增刊、休刊预告的自我广告，使读者及时知晓《大公报》地方版的增设、栏目的革新、版面的调整、增刊的日期和内容以及休刊的日期和事宜等信息。例如，1931 年 1 月 1日《大公报》刊布"本报新年休刊广告"，将"因国历新年，自元旦起休刊三日，二、三、四等日无报，五日照常出版"的出版安排通过刊布自我广告请读者知悉。又如，1935 年 8 月 20 日借助自我广告将版面信息告知给读者，"今日本报《医学周刊》载第三张第十一版，希读者注意"。

更重要的是，《大公报》的增刊预告可以说是《大公报》和读者沟通的一座桥梁。《大公报》的副刊、特刊深受读者的赞誉和喜爱，这既源自大公报人努力改良、革新内容，也与报馆及时通过自我广告把增刊事宜敬告读者，恳请各界惠赐文章，诚邀各界踊跃关注和参与，搭建报馆与读者间及时沟通的桥梁有一定关系。

　　譬如，1927年12月22日《大公报·电影周刊》编辑部登载了增设《小公园》副刊的预告广告。"本报自十七年一月起，除每星期发刊文学、电影、体育、戏剧、儿童，及妇女与家庭周刊外，所有原有副刊改称《小公园》。内容专载富有趣味之小品文字，以及含有时间性的讽刺作品。"广告里还提到，《小公园》副刊的"文体不拘，但求简短紧炼，欢迎读者投稿"（见图2-49）。

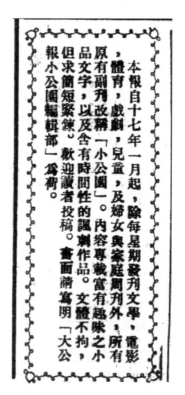

图2-49　1927年12月22日《大公报》（天津）的
"增设《小公园》副刊"自我广告

　　1927年12月26日的广告里预告了《大公报》次年元旦将随报赠送新年增刊——三十年来的《京津商情统计特刊》。本报于十七年元且增出《京津商情统计特刊》，该增刊分为两大部分，"近三十年天津对外贸易统计之分析"和"三十年京津金融市场统计之分析"，以便使读者"对于京津商业之过去现在未来一目了然"。当日，《大公报》还刊发了次年一月起新增六种副刊的预告，广告里不仅详尽介绍六种副刊的定位和旨趣，而且诚邀社会各界踊跃投稿。星期一为《文学副刊》，"特请名家担任撰述评投稿，内容略仿欧美大报文学副刊之办法，而参以中国之情形及需要，每期对于中外新出之书，择尤介绍批评，遇有关文学思想之问题，特制专论，选录诗文小说笔记等，亦力求精审，读者幸其注意，更望出版界及著述家以新出之书，多多见寄，以为介绍批评之资是幸"。星期二是《电影周刊》，"内容包括中外影片之批评、电影院设备之讨论，以及有关中国电影事业之商榷，此外则中外电影界轶事趣闻，亦无不极力搜罗"。星期三出版的是《戏剧副刊》，"由研究戏剧专家担任撰述，并载梨园掌故，以及中外剧本之介绍讨论"。星期四的副刊为《妇女与家庭》，"讨论关于妇女切身之各种问题，以及家庭改善之方法，并随时征集各地妇女生活之纪述、家庭卫生之常识，以及妇女装饰之照片"。星期五为《体育周刊》，"除请体育专家撰述论著外，并介绍国外体育界名著及消息，即户内外游戏之材料亦可容纳"。星期六和星期日为《儿童副刊》，星期六"侧重于儿童教育之研究，以及灌输于儿童之各种文字"，星期日则"发表儿童作品，俾资观摩"。

在内忧外患的形势下，《大公报》颠沛流离，克服重重困难，被毁一馆，建立一馆，先后创办了天津版、上海版、汉口版、重庆版、香港版、桂林版，并及时通过自我广告将各地方版的发刊事宜告知读者（见图2-50）。如1941年3月12日，在《大公报》（桂林）出版前夕，《大公报》（香港）刊登了"桂林《大公报》出版预告"，将桂林版的发刊日期及时告知读者，"本报桂林版筹备就绪，定于三月十五日发刊"。

图 2-50　抗战期间《大公报》（重庆）的员工在战火中坚持出版

资料来源：引自大公网 2022 年 6 月 11 日的报道《大公报 120 周年｜明耻启民智 说论报国仇》，http://www.takungpao.com/news/232108/2022/0611/729703.html。

　　遇到新闻和广告争夺版面位置时，新闻是否会让位于广告？根据所搜集到的材料可以看出，《大公报》会对新闻和广告二者的权重进行慎重考虑，这可以从 1940 年 10 月 10 日《大公报》（香港）的"临时增加版面启事"中获得证实。平时《大公报》（香港）出版两大张，当日"因广告拥挤共出版三大张半"，"如有遗漏乞向送报人索取"，并将篇幅增加后的版面位置一一告知读者，"除二、三、四版之社评及要闻照旧不动外，其余各版之调动如下：第五、第六版本港新闻，第七、第八版各地新闻，第九版体育特刊，第十一版经济新闻，第十二、十三版临时纪念文，第十四版文艺，尚希公鉴为幸"。

　　《大公报》上比较典型的自我广告还有招登广告启事。就此而论，有代表性的是招登贺年广告的启事。例如，在 1929 年 12 月 16 日《大公报》广告部发布的"本报招登贺年广告"启事里，开头先埋下伏笔，"流水光阴，又到新年。行看万象更新，理当同伸庆祝。当此国历创行之际，机关团体以及各界人士，允宜广为倡导，作民众之先导"。那么，对大商号来说，是否有最经济的贺年办法呢？"往常年节，贺片纷投，平常交际，已足应付。惟各大商号及各界名流，声誉夙著，交游弥广，全寄贺柬，则既费缮写之劳，偶一疏漏，又有遗珠之憾。则在风行全国之本报刊登贺年广告，实为最经济的办法。"接着通过"本报在北方，销路之广，当推第一"来表明《大公报》作为综合性大报在北方的影响力。最后，介绍刊登贺年广告的价目和优待办法，"本年特定优待贺年广告办法，凡刊登八十方寸者，每日收费四十元；三十方寸者，每日收费十四元；十五方寸者，每日收费七元；六方寸者每日收费三元；四寸半者，每日收费二元；若刊登三日概照两日计算借示优待"。

又如，1934年12月16日的另一则"本报招登贺年广告"启事，更显开宗明义。"光阴荏苒，转瞬又届新年。交际场中，每以通函致贺为联络情感之具，然函贺之手续极其烦琐，且难普遍，并有疏漏之虞。"随后，介绍贺年广告的优待办法，"本报有鉴于此，特规定贺年广告廉价办法，每格面积三英寸半。头等地位，每天收费三元。普通地位，每天收费二元。多则类推。既经济，又普遍，较之函贺便利实多"（见图2-51）。

《大公报》上令人目不暇接的另一类自我广告是出版广告。大公报馆下设出版部，其所出版的丛书和画刊可谓琳琅满目，推介这些书刊的广告也频频出现在报端。譬如，1934年12月14日，"大公报画刊集萃"的广告里写道："本报每日画刊发行已届周年，搜罗宏富，资料精美，素承读者爱重。"但由新闻纸印刷的画刊存在一定的缺憾，"惟所有风景及美术照片线条细密，用新闻纸刊出究嫌不甚清晰，有损美观"。因此，大公报馆出版部"挑选最精美之美术风景照片百幅，用原版以上等模造纸精印，配以彩色，使原片景物活跃纸上，如读名画而置身其间，诚为娱心悦目之精品"。

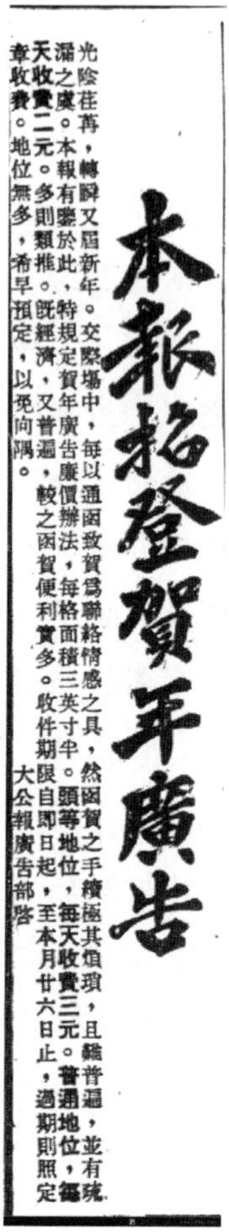

本報招登賀年廣告

光陰荏苒，轉瞬又屆新年。交際場中，每以通函致賀爲聯絡情感之具，然函賀之手續極其煩瑣，且難普遍，並有疏漏之虞。本報有鑒於此，特規定賀年廣告廉價辦法，每格面積三英寸半。頭等地位，每天收費三元。普通地位，每天收費二元。多則類推。既經濟，又普遍，較之函賀便利實多。收件期限自即日起，至本月廿六日止，過期則照定章收費。地位無多，希早預定，以免向隅。

大公報廣告部啓

图 2－51　1934 年 12 月 16 日《大公报》（天津）的“本报招登贺年广告”自我广告

1935 年 1 月 14 日的“大公报三种画集”广告里，分别介绍了由大公报馆出版的三种画刊。第一种为堪称“美术风景照像之精品”的《大公报画刊集萃》，“本书以取材精美、印刷优良见称于社会，自出版以来风行遐迩，有供不应求之势”。第二种是由冯玉祥题诗、堪称“长城战迹历史画”的《赵望云塞上写生集》，它“取材于长城沿线，凡长城战迹、战地民生情形，及长城之形胜，无不包罗，且附有简短之说明与慷慨激昂之题诗，故销路甚为踊跃”。第三种是由冯玉祥题诗、被视为"农民生活之缩影"的《赵望云农村写生集》，它"以农民之疾苦为描写资料，出版后颇为社会人士所同情，冯玉祥先生读后尤其感动，特为题诗，更为一般所注意，故未经一年，即连售五版，其销数已突破中国出版界之纪录，现因塞上写生集出版，本集销路尤为活跃，盖本集与塞上写生集为表里之作，凡购塞上写生集者，无不连同本集购阅也"（见图 2–52）。

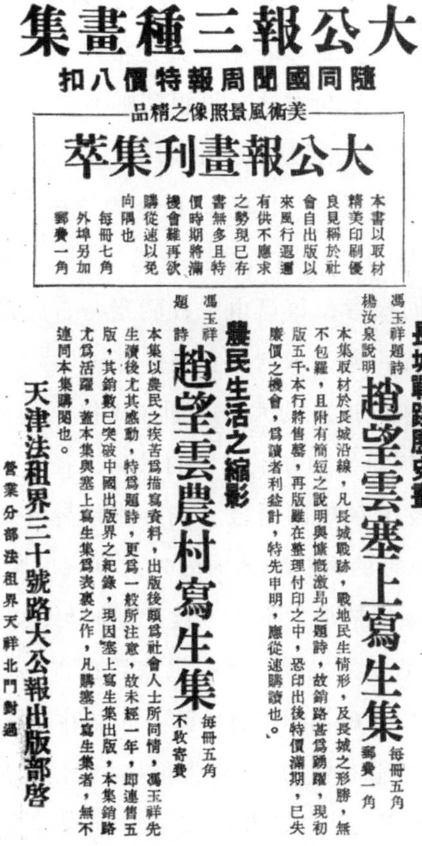

图 2–52　1935 年 1 月 14 日《大公报》（天津）的"大公报三种画集"自我广告

在《大公报》所刊登的众多出版广告当中，还可以再单独划分出一个类别来，那就是《国闻周报》的出版广告。《国闻周报》是与《大公报》相关联的姐妹报纸，由胡政之创办。胡政之不仅为《国闻周报》撰写了大量关于新闻观点和编辑思想的文章，而且作为报刊政论家和报业经营者，他也希望《大公报》和《国闻周报》能够互为表里、相辅相成，因此在《大公报》上俯拾即是的《国闻周报》出版广告也可以在一定程度上视为《大公报》的自我广告。1926年9月1日新记接办《大公报》后出版的第1号就刊布了"国闻周报最近出版"的广告，向读者推介了要目及作者，其中包括吴鼎昌的文章，介绍了出版周期及定价，还提到"现在上海发行，不久移津出版"。类似的《国闻周报》的出版预告多年来在《大公报》上很是常见，往往以介绍要目、作者、定价、特价办法、订报简则为主。

《大公报》上《国闻周报》的出版广告不仅限于出版预告，征文启事也值得一提。1927年2月27日刊登的"国闻周报社征文启事"中，介绍了征文题目为"中国新经济政策"，并对期限以及酬金进行了说明，"凡选登周报者，每篇由本社酌赠一百元以上至一千元之酬金，不愿受酬者请先声明，未选登者稿件寄还"。

同时，见于《大公报》的大量《国闻周报》的征订广告，也是宣传《国闻周报》办报口号和办报宗旨的常见途径。例如，1928年1月1日的自我广告阐发了《国闻周报》的办报宗旨——"国内唯一之定期刊物"，它"以系统的编制纪述国内外大事，出版四年，销行逾万，欲明了世界大势、国内情形，不可不读此随时可供参考的良好杂志"。随着《国闻周报》的创办发展，其办报宗旨也进一步明晰起来，次年1929年1月9日的广告就揭示了这一点，广告中《国闻周报》的定位为"国内唯一切合实用的刊物"。广告里称，《国闻周报》"注重系统的纪载，预备永久的参考"，接着比较了《国闻周报》较之其他报刊的优势，从而揭示订阅的必要性，"在出版物如春笋怒发的时期中，诸君能拣出一种切合实用的刊物吗？多半的刊物，多仅仅乎供给读者在短期时的需要，像《国闻周报》能注意国内外大事，注重系统的纪述，不论现在将来，却可以拿它做绝好的参考书；不论政学工商各界，都有订阅的必要"。最后总结道，那时《国闻周报》出版已逾六年，每期均严格遵守发行时间，"从不愆期"，"内容除了纪述新闻性的文字以外，对于国际、政治、经济、工商、教育、妇女问题常有特别的贡献，文艺小品，也都十分精湛"，因此"要是不订阅这种刊物，这是失了一个良好的伴侣"。

在 1930 年 1 月 9 日的广告中，国闻周报社将《国闻周报》的办报宗旨进一步凝练为"国内最有价值之定期刊物"，在此基础上，《国闻周报》的定位在不断的办刊实践和探索中获得了新的诠释，1931 年 1 月 5 日刊发的下一年度的广告语"新时代的活历史，新文化的急先锋"证实了这一点。"本报创刊于兹七年，纪述国内外大事，介绍新时代学说，内容之丰富，纪载之精详，早为读者所称赏。兹自八卷起更加改良内容，益加完美"。到了 1935 年，《国闻周报》已有十一年的历史，在当年 1 月 1 日的广告里将办报宗旨升华为"新时代的信史"，"本报诞生截到廿三年底恰满十一周岁。此十一年中夙以因应时代需要集中史材灌输文化、介绍新知为旨趣，虽是政局经过多少次的变迁，本报因言论公允、切中时艰，所以未尝脱衍过一期。这是读者对于本报最相信的一个事实"。因而可以说，"有此一份报，胜读日报数十种"。

此外，从《国闻周报》的这些征订广告里还可以看出，借助《国闻周报》的发行促进《大公报》的发行，通过《大公报》的发行增进《国闻周报》的发行，以使二者实现相辅相成、互为表里的用意。这表现为对于订阅《大公报》的读者，如果同时订阅《国闻周报》则可以享受更多的优待。譬如，1930 年 1 月 9 日的广告里写道："凡直接订阅《大公报》三个月以上，无论新订续订同时订阅周报三个月以上者，按七折收价。"若非《大公报》直接长期订户，只订周报者则享受八折优惠（见图 2－53）。1931 年 1 月 5 日的广告称："凡在本周报之特价期间新订或续订《大公报》三个月以上者，无论直接或在分馆及分销处订阅者，凭该报订单订阅本周报三个月以上者，报费得按八折收算。"对于非《大公报》直接长期订户，只订周报者则给予八五折优惠。

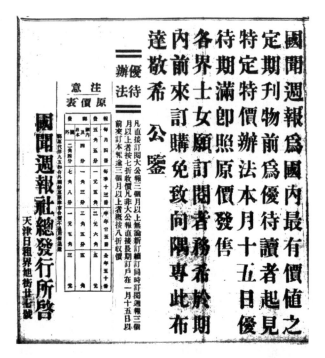

图 2 - 53　1930 年 1 月 9 日《大公报》（天津）的《国闻周报》征订广告

两份新闻纸的这种互为表里的关系一直持续到 20 世纪 30 年代，《国闻周报》在 1937 年，即上海暂行停刊后的第二年，复刊事宜筹备就绪后，及时将复刊预告通过《大公报》告知读者。在 1939 年 8 月 19 日的《大公报》上刊登了"国闻周报复刊预告"（见图 2 - 54）。《国闻周报》"第十五卷第一期复刊号，定于十月二日在港出版。至本报内容，除保存原有'现代史料'的传统精神外，将更努力刷新，对于抗战史实、建国成绩、国际动态、日本研究，尤当特别注意"，同时，还向社会各界广泛征文，"本报素承海内外同文之厚爱，此后仍恳惠赐宏文，借光篇幅"。

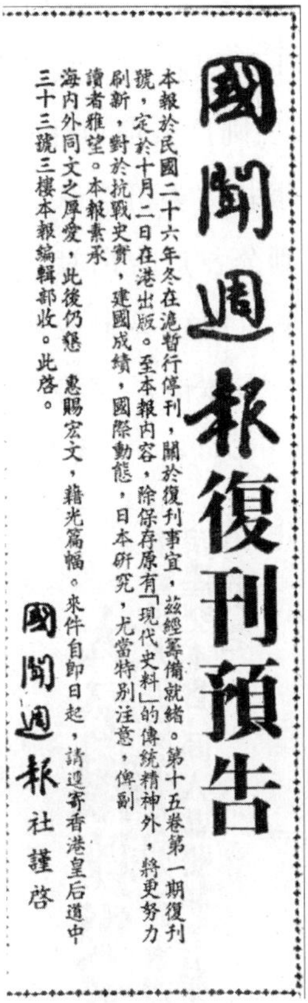

國聞週报復刊預告

本報於民國二十六年冬在滬暫行停刊，關於復刊事宜，茲經籌備就緒。第十五卷第一期復刊號，定於十月二日在港出版。至本報內容，除保存原有「現代史料」的傳統精神外，將更努力刷新，對於抗戰史實，建國成績，國際動態，日本研究，尤當特別注意，俾副讀者雅望。本報素承海內外同文之厚愛，此後仍懇　惠賜宏文，藉光篇幅。來件自即日起，請逕寄香港皇后道中三十三號三樓本報編輯部收。此啓。

國聞週报社謹啓

图 2-54　1939 年 8 月 19 日《大公报》（香港）的“国闻周报复刊预告”广告

六　公益广告

公益广告又称公共服务广告，属于非商业广告，是不以营利为目的、为社会提供免费服务的广告。有人认为，公益广告最早出现在 20 世纪 40 年代初的美国，但查阅新记《大公报》的广告可以看到，其中一些非商业广告已具备了公益广告的雏形和要素。当时国人正处于灾难深重、内忧外患的困苦中，这些广告在向社会灌输先进思想、弘扬道德仁风方面发挥了重要作用。《大公报》上赈济灾民的公益广告就证明了这一点。《大公报》秉承着为社会服务的公益精神，除及时报道灾情之外，还刊登了各种公益广告为灾民募款，新闻报道与公益广告相辅而行、相得益彰，大致有以下四种。

其一，在《大公报》上可以找到大量“代收助赈捐款”的公益广告，其中1928年6月间的三则广告值得注意。为了协助赈济灾民，大公报馆专门成立了“大公报救灾委员会”，由专人负责赈灾事务。“大公报救灾委员会启事”这则公益广告向社会申明其成立的宗旨及提供的服务，“本会同人誓以全力向各界求援俾振助四乡之难民，若承捐助款项，请径交本会，同人当体诸君慈善之心，务使一钱之微必用诸难民之身”（见图2－55）。随后，“大公报救灾委员会启事一”和

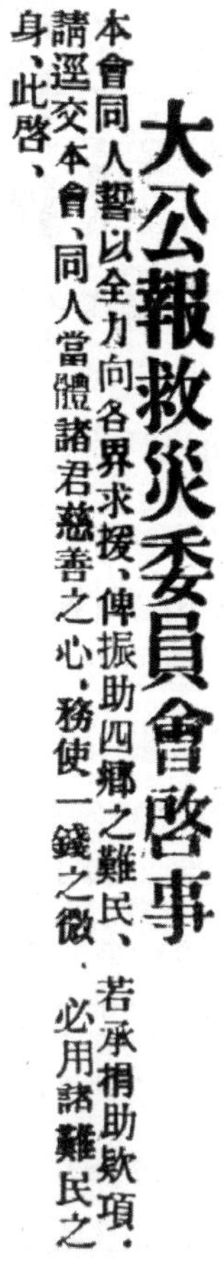
大公報救災委員會啓事
本會同人誓以全力向各界求援、俾振助四鄉之難民、若承捐助欵項・請逕交本會、同人當體諸君慈善之心・務使一錢之微、必用諸難民之身、此啓、

图2－55　1928年6月19日《大公报》（天津）的公益广告“大公报救灾委员会启事”

"大公报救灾委员会启事二"也见于报端,可以看出《大公报》救济难民、服务社会的宗旨与其办报思想是一脉相承的。启事一郑重承诺所代收捐助将悉数用于救助难民,恳请社会各界为难民慷慨解囊。"本会同人敬代四乡难民求援于各界慈善家,之前恳乞捐款救助,凡一切调查、保管、接洽、放散诸事,本会愿服其劳,务使一钱之微,必用诸难民之身。敢乞诸君踊跃解囊,谨代数十万无告之民预先拜谢,所有捐款请即送交本会汇存。"① 启事二说明代收捐助的用途,并希望就此与各公共慈善机关商榷。"本会连日承各界捐款救济津郊难民极为级感,同人愿以至诚为难民尽力、为社会服务,即希收容难民各公共慈善机关迅将收容情形及难民人数造册交下以凭筹画救助办法至本会。经收款项之用途拟定两种:(一)购办粮食散发;(二)专作将来最后遣送回乡之用。究以何项用途为宜,同仁决无成见,尚乞各公共慈善机关于报告收容人数时对于用途发表意见,俾本会汇集众议择善遵从,以昭慎重。"②

1930 年 5 月 18 日《大公报》刊登了题为"最后一天"的广告(见图 2 - 56),但其内容完全不同于前文所述的限期"大减价"的商业广告。该广告正文里写道:"本社代收陕赈捐款,预定从十二日起一星期,今日系最后一天。决定如期结束,明日即不再受。兹特最后请求读者尽此最后一天发挥最大仁慈,努力捐助以延陕西同胞最后五分钟之生命。"由此可见,这里的"最后一天"指的是该广告见报当日为报馆代收陕赈捐款的最后一天。对于此后不再代收相关捐款的原因,《大公报》也进行了说明:"过时即为核赈报告时间,恕不再收,以免忙乱易误。千乞注意,至于外埠读者捐款,如在今日以前寄出自当照收转交。""本日以后无论本外埠捐款诸君,请径与天津总商会内天津市各界赈济西北灾民募款委员会接洽,或直接寄汇天津南马路南

---

① 《大公报》(天津)1928 年 6 月 22 日。
② 《大公报》(天津)1928 年 6 月 22 日。

善堂华北灾赈会朱子桥先生不误，并此声明敬求公鉴"，对逾期捐款的接洽事宜进行了交代。从该广告里报告的捐款金额可以看出，《大公报》凭借其普遍的影响力和广泛的读者群筹集了大量捐款，在救济灾民上发挥了积极的作用，"本社昨日代收本外埠读者捐款共洋一万四千一百二十四元八角五分五。北平读者捐款洋八百十一元四角"。此外，《大公报》还将捐款人、捐物人的姓名以及所捐款项金额、物品名称刊发在报纸上，"以资征信而扬仁风"。

图 2-56　1930 年 5 月 18 日《大公报》（天津）的公益广告"最后一天"

其二，在《大公报》的影响下，各类"义卖助赈"的公益广告频频见于报端。出于对《大公报》的认可与信任，社会各界人士踊跃参与到赈济灾民的善举当中。试举几例，1928 年 6 月 29 日贻安堂的广告"艺术助赈团"，就是通过书画义卖来筹集助赈款项的公益广告。广告里列出了义卖的书画种类及价目，"漪园鬻字，对联每幅二元，条屏每条二元"，"用夷书西夏经文，扇面每件六元，单条每件十元"，"忆庐书扇，每件二元"，"启宇书扇，每件二元（墨笔山水）"，"义之书扇，每件二元（墨蟹）”，“落霞女士书扇，每件二元（花卉）”，“梦蝶女士书扇，每件二元（花卉）”，“初容女士书扇，每件二元（花卉）”，“呆厂刻印，石章每方二元……牙章，每方四元”。值得注意的是，这则广告强调，“润资悉数充赈，请径送大公报救灾委员会”，而“掣取收据连同小费及纸件图章等项送交收件处”。贻安堂请读者直接将捐款送交大公报救灾委员会，表明其对大公报馆的充分信赖。

有趣的是，这则“义卖助赈”的公益广告起到了“领头羊”的作用，业界同行纷纷参与到赈济灾民的行动之中。从 1928 年 6 月 30 日薛万英发布的广告“鬻字助赈”中可以窥见这一点（见图 2－57）。“顷阅《大公报》见有鬻字助赈团之启事，极表同情。鄙人同是国民，对此数万灾黎敢不稍尽棉力，冀为壤流之助，爰定书例如下。”“对联每副二元，屏条每条与对联价同，堂轴每幅照对联加半，横披全幅价

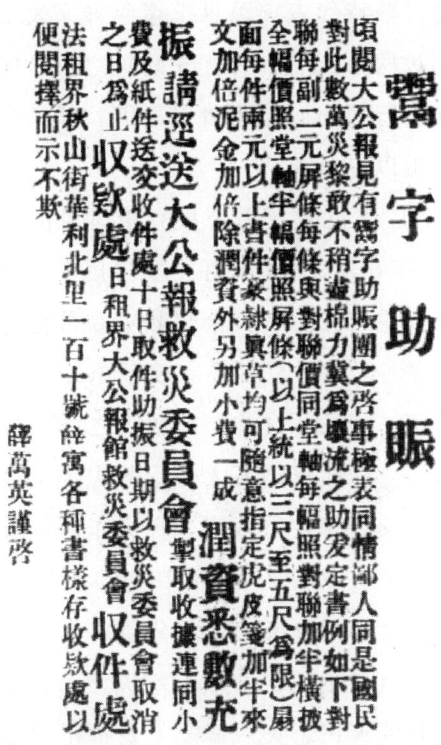
鬻字助賑
頃閱大公報見有鬻字助賑團之啓事極表同情鄙人同是國民對此數萬災黎敢不稍盡棉力冀爲壤流之助爰定書例如下對聯每副二元屏條每條與對聯價同堂軸每幅照對聯加半橫披全幅價照堂軸半幅價照屏條(以上統以三尺至五尺爲限)扇面每件兩元以上書件篆隸真草均可隨意指定虎皮箋加半來文加倍泥金加倍除潤資外另加小費一成 潤資悉數充振請逕送大公報救災委員會 掣取收據連同小費及紙件送交收件處十日取件助振日期以救災委員會取消之日爲止 收款處 日租界大公報館救災委員會 收件處 法租界秋山街華利北里一百十號辟寓各種書樣存收款處以便閱擇而示不欺
薛萬英謹啓

图 2－57　1928 年 6 月 30 日《大公报》（天津）的公益广告“鬻字助赈”

照堂轴，半幅价照屏条……扇面每件两元，以上书件篆隶真草均可。"这则广告里也特别提到了，"润资悉数充赈，请径送大公报救灾委员会"。同样的，1928 年 7 月 11 日的广告"邵次公鬻书助赈"里，不仅罗列了书画价目，"扇面精书行楷五元……对开单条每尺一元五角……册叶每开三元"，而且阐明"全数助赈三日取件由《大公报》经收"。

由此可见，在《大公报》的感召下，各商号组成了真正的"艺术助赈团"，可谓众人拾柴火焰高。除此之外，楼房义卖也加入了助赈行列，为救济灾民、恢复民生提供了一笔不小的费用。1931 年 10 月 1 日"标卖助赈吉房"的广告证实了这一点。"溥号然先生捐助日本租界伏见街十四号楼房一所变价充赈，送经本社登报以三万元为最低价格召买。展期两次，皆未卖出。现有人允出洋二万元，本社认为过低，惟本社代收本埠捐款业办结束，此房曾向银行押借一万元已经汇出充赈，未便长此虚悬，兹特代表灾民恳求诸慈善家大发善念。如在十月二日以前能出价超过两万元者，有优先购置之权。如果逾期仍无人承购，只好以两万元实行售出。除还清银行借款外，当将余款克日电汇朱子桥先生办理急赈以应急需。"

其三，"义演"广告也是《大公报》上常见的赈济灾民的公益广告。例如，从 1928 年 6 月 27 日一则"救苦救难"的公益广告中可以看到，为了救济津郊避难灾民，大公报救灾委员会与华北电影公司联合组建了"救灾电影会"，播放日场和晚场电影，向各大商号及公馆住宅分寄戏券，希望"于娱乐之中，寓救恤之意"。《大公报》呼吁社会各界收到戏券后，"将券资赐下大公报救灾委员会，同时尚望热心慈善诸大君子踊跃赴会，俾集腋成裘，拯人于悲啼号呼之中，同人谨代数万难民，向诸君泥首以谢"（见图 2-58）。

其四，还有一种常见的赈济灾民的公益广告是由慈善团体"中国华洋义赈救灾总会"刊发的。当时政府赈灾乏力，中国华洋义赈救灾总会在防灾减灾、救济灾民、灾后修复上发挥了积极作用，其中借助具有影响力的《大公报》发布劝募急赈、办理赈务的信息是有效的广

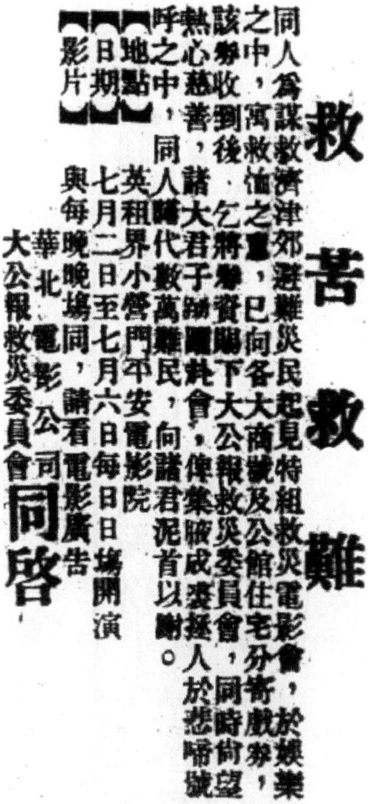

图 2－58　1928 年 6 月 2 日《大公报》（天津）的公益广告"救苦救难"

而告之的渠道。譬如，1933 年 11 月 17 日"黄河水灾捐启"的广告先交代了背景，"今秋河溢成灾，冀南、豫东、鲁北二十余县被灾惨重，洪水所至庐舍为墟，流离失所、嗷嗷待哺者二百余万人"。之后恳请社会志士仁人慷慨解囊，"对此次黄灾本会主张举办农赈，于短时期内恢复荒芜之田园，安定荡析之民生，然而利用厚生在在需款，本会心余力拙，端赖海内外志士仁人有以助成之是为启"。广告结尾处特别注明"捐款请交天津大公报馆"。

1935 年 8 月 24 日"中国华洋义赈救灾总会办理江河水灾赈务"的广告里写道："劝募急赈敬请各界慨助义款，万千灾民，延命待救，掬诚代吁，伫候仁浆。"此次救灾设有三处捐款处，北平、上海和天津。这里再次标注了"天津代收捐款处——大公报社"（见图 2－59）。

图 2-59　1935 年 8 月 24 日《大公报》（天津）的公益广告
"中国华洋义赈救灾总会办理江河水灾赈务"

　　1937 年 5 月 16 日和 5 月 20 日 "中国华洋义赈救灾总会为川豫黔甘陕灾民乞赈" 的广告里首先交代了背景，"四川、河南、贵州、甘肃、陕西等省去秋迄今均苦旱灾，其惨状迭见，各报记载毋庸赘述"，有鉴于此，"敬恳各界仁人善士大发慈悲，共拯饥渴，俾嗷嗷哀鸿得以全活，则灾黎有生之日皆系感德之时，不独本会之拜谢已也"。

　　1928 年 2 月 10 日，《大公报》上刊登了华北电影公司协助中国华洋义赈救灾总会为筹集直南鲁西赈款举行义演的门票收入数目启事，分别列出正月初一至初五共五天在天津平安电影院开演义务电影的门票情况以及收入总数，声明该款已送交至中国华洋义赈救灾总会点收，并号召社会各界踊跃加入赈济灾民的善举当中，“该公司见义勇为成绩优美，用将赈灾电影始末揭诸报端以资征信而扬仁风”。

此外，在《大公报》上还可以看到带有公益性质的“救灾征文启事”的广告。如1935年9月2日登载了“《中国实业杂志》救灾专号征文启事”，“目前灾情严重影响国计民生，至深且巨”，中国实业杂志社“有鉴于此，拟重金征求记载各地灾害实况之文字照片及检讨防灾问题之论著”（见图2－60）。以上这些公益广告在防灾抗灾、赈济灾民、实现救助与发展生产并举上发挥了重要作用。

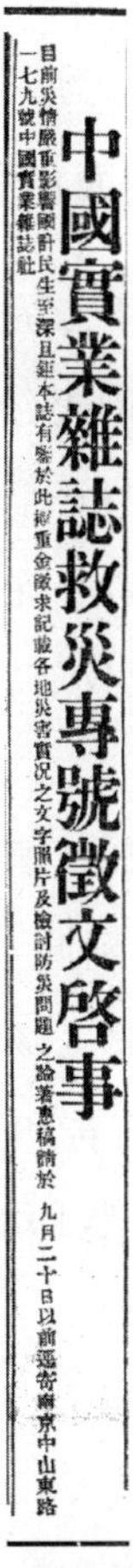

中國實業雜誌救災專號徵文啓事

目前災情嚴重影響國計民生至深且鉅本誌有鑒於此擬重金徵求記載各地災害實況之文字照片及檢討防災問題之論著惠稿請於九月二十日以前逕寄南京中山東路一七九號中國實業雜誌社

图2－60　1935年9月2日《大公报》（天津）的公益广告“《中国实业杂志》救灾专号征文启事”

虽然《大公报》的广告体例不仅限于上面所累述的名人广告、附属广告、对应广告、悬念广告、自我广告、公益广告这几类，但可以说，它们都是最常见、最有特点的形式。作为现代报纸广告发展的参与者和见证者，新记《大公报》的广告体例展现了现代早期广告的弹性和张力，这不仅是其作为商业性质报纸的进步，也是文人以公众利益为最终办报目的的彰显。

第三节　广告数量的激增和刊布特点的变化

一　广告数量的增长和版面的扩充

胡政之在《社庆日追念张季鸾先生》一文中介绍了新记《大公报》刚刚续刊时广告的数量："因报纸停刊已逾半年，一切等于新创，广告极少"，"姑举一例言之，初续刊时，电影戏院广告，概不肯在本报刊登，不得已每晚派人在各院门首抄戏目，义务刊载，历时甚久，方能收费少许。长期广告，绝无仅有，一二银行银楼因情面关系，招来告白，每月所收每家刊费，不过二三十元"。[①]

"甫过一年，广告之招揽，渐达顺境。"[②] 张季鸾在 1936 年发表的《本报复刊十年纪念之辞》中提到除"第一年入不敷出，耗用股本之外，未几即渐达收支适合。迄来工场设备之发展，皆以营业收入充之"。[③] 这里的"营业"指的是广告和发行，续刊后，《大公报》的广告数量是不断增加的，这从广告版面的不断扩充上可以窥见。由于广告数量增加而广告版面的篇幅依旧，大公报馆不得不扩充版面，以弥补被广告挤占的内容，整版广告甚至跨版广告也相继出现。笔者对不

---

① 《大公报》（上海），1946 年 9 月 1 日。
② 《大公报》（上海），1946 年 9 月 1 日。
③ 《大公报》（天津），1936 年 9 月 1 日。

同年份的新记《大公报》的广告数量进行了抽样统计（见表 2 – 1），
在一定程度上可以较为清晰地反映这份报纸广告数量的增长。

图 2 – 61　1938 年 1 月 9 日，胡政之（右二）和张季鸾（左二）在香港合影

资料来源：引自大公网 2022 年 6 月 14 日的报道《人物志｜报界宗师张季鸾：记
者应存大我而忘小我》，http：//www. takungpao. com/news/232108/2022/0614/730679.
html。

图 2 – 62　1948 年，胡政之（前排右一）在香港浅水湾，与当时
《大公报》（香港）骨干合影留念

资料来源：引自大公网 2022 年 6 月 10 日的报道《人物志｜追忆报业巨擘胡政
之：矢志办报报国的一生》，http：//www. takungpao. com/news/232108/2022/0610/729
341. html。

表 2 - 1 1926—1945 年部分年份新记《大公报》的广告数量抽样统计

单位：个，条

时间	报纸版面总数	广告版面数量	广告总条数	广告类别
1926 - 09 - 01	8	3.2	33	小广告
1927 - 09 - 01	8	3.7	82	小广告
1928 - 09 - 01	12	5.3	118	小广告
1929 - 09 - 01	14	8.5	216	小广告
1930 - 09 - 01	12	6.3	182	小广告
1935 - 09 - 01	14	6.5	156	大公介绍栏（统一版）、业务分类广告（地方版）
1940 - 09 - 01	2	1	33	经济小广告
1945 - 09 - 01	6	3.5	95	经济小广告

从表 2 - 1 中不难看出，《大公报》广告的数量虽有波动，但总体上为上升趋势，且增幅显著。表中显示，1926—1929 年，广告数量增加迅猛，显示出强劲的发展势头。1940 年，虽因日寇入侵报纸总版面缩至 2 版，但广告仍保持着占总版面 1/2 的比重。同时分类广告（不同时期以不同名称出现）自创刊出现后，也获得了蓬勃的发展。

二 广告刊布特点的变化

在早期《大公报》时期，虽然有一些颇具实力的商号经常刊登广告，但其广告版面的位置却不固定，有时是第 1 版的特等位置，有时是第 2、第 3 版的普通位置，在指定位置刊登广告的较少。到了新记时期，版面位置固定且刊布频率高的广告相继见于报端。以正中书局的广告为例，其 1936 年 1 月 28 日广告位于头版左上的报头旁，内容为"初中教科书"；次日（1 月 29 日）刊登在同一位置，内容为"高中教科书"；1 月 30 日亦在同样的位置，内容为"师范教科书"；1 月 31 日仍固守原位置，内容为"简师、简乡师教科书"。几天的广告位置都很固定，这种做法有助于加深读者对正中书局的印象。

从广告的变化与发展中不难看出，成为具有商业性的综合报纸后，新记《大公报》的广告极具活力和张力，处于急速的变化发展中。一方面，广告标题字数增加，复合式广告标题出现并普及，插图广告被广泛使用；另一方面，在排版上，广告往往使用多种字体，调整了行距，增添了版面的趣味性，使易读性和可视性增强，编排更具特色、更加美观。更重要的是，采用名人广告、附属广告、对应广告、悬念广告、自我广告、公益广告等多种体例，使广告变得更灵活，更丰富多彩。这些变化和发展都是其广告数量激增的重要原因。综观这些变化可以看到，在激烈的商业竞争中，《大公报》作为一家依靠广告经营而巍然自存的民办报纸，已具备商业性报纸的特征，其广告符合商业性报纸的广告传播规律。《大公报》上的广告具有现代早期广告的弹性和张力，展现出其作为商业报纸的进步，同时也彰显了文人以公众利益为最终办报目的的鲜明特征，甚至在今天传媒市场化的背景下，我们仍能找到其广告形式、体例等诸多方面被沿用的痕迹。

| 第三章 |

新记《大公报》的广告经营特点探讨

　　如前文所述，新记《大公报》广告的数量总体上是增加的。续刊之初广告很少，长期广告更是少见。第二年以后广告数量才开始增多，1927 年夏，广告收入由每月 200 余元增至 1000 余元，营业结算则由每月亏损 4000 余元转为收支平衡。[①] 1936 年 9 月 1 日津沪两馆《大公报》同时发表张季鸾的《本报复刊十年纪念之辞》一文，文中在谈到业务时说，以 5 万元资本创办的企业，十年之后仅工厂设备即值 40 万元，连同津、沪两馆其他财产并计，总值已在 50 万元以上。1946 年，资本估值为 6 亿元法币（当时的币制），以美元汇率换算，核定资产为 65 万美元，[②] 这从总体上反映了作为报纸主要经济来源的广告所带来的收入。《大公报》广告组织机构设置上的规范化、广告经营方式的进步、广告经营策略的革新是推动广告传播发展演进的重要因素。

---

① 王芸生、曹谷冰：《新记大公报的经营（1926 年—1949 年）》，周雨主编《大公报人忆旧》，第 5 页。
② 《大公报》（天津）1936 年 9 月 1 日。

第一节 广告组织的机构设置

有学者从传媒产业的整体角度出发将报业经营的过程概括为五个层面，第一个层面就包括广告。[①]《大公报》属于商业性报纸，作为一份依靠广告经营而巍然自存的报纸，层级分明的广告组织机构是盈利的重要保障。在 20 世纪二三十年代的中国，报馆广告的组织机构一般有两种类型——列举制和综合制。一般小报所采用的方式是在总编辑下设编辑部，编辑部内设广告课，其下再分设编辑、营业等部门，此为综合制。《大公报》这样大规模的报馆的广告组织机构为列举制，由总编辑、总经理分管编辑部和经理室，经理室下设广告课等各主要部门（见表 3 - 1）。

表 3 - 1 《大公报》的组织机构

总经理、总编辑											
经理室							编辑部				
工厂	材料课	庶务课	广告课	发行课	会计课	出纳	各版编辑	外勤课	通信课	翻译组	校对组	资料组

这样的组织机构尽管简单，却层级分明而不庞杂。总经理、总编辑领导下的经理室和编辑部，除在本部门内部各司其职外，还可以彼此沟通，编辑部不仅负责报纸各版面的编辑，还承担广告业务，为广告安排版面。这种经理室和编辑部之间相互沟通的组织形式有利于拓展广告业务。《大公报》所设的天津、上海、汉口、重庆、香港、桂林各个分馆，都遵循这一组织机构。1943 年以后，因为《大公报》（重庆）业务繁忙，工作场所分散，故又增设了分管发行、广告两课的营业处。

---

① 陆小华：《整合传媒》，中信出版社，2002，第 173 页。

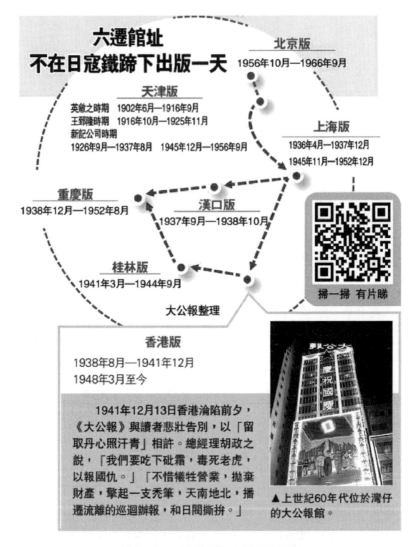

图 3-1 《大公报》六迁馆址示意

资料来源：引自大公网 2022 年 6 月 8 日的报道《大公报 120 周年 | 重庆艰苦办报 抗战舆论中坚》，http://www.takungpao.com/news/232108/2022/0608/728513.html。

　　胡政之曾说，办好报馆首先要编好报纸，光有好的版面、好的内容，如果发行不力、广告很少，营业也无法维持，因此编辑、经理两部门要紧密配合，相辅相成，才能使馆务发达起来。① 据大公报人回

————————

①　周雨：《大公报史（1902—1949）》，江苏古籍出版社，1993，第 199 页。

忆，胡政之担任总经理，主管经理方面的事务，张季鸾担任总编辑，主持笔政，但二者间的分工并不严格。管经理部的有时也写社论，负责编辑部的时而也过问管理方面的事务。有编辑经验的人当经理，更能了解编辑工作的需要，从而能够更好地配合，这也是《大公报》在经营管理上的一个特色。[①] 例如，胡政之作为经理兼副总编辑，既要熟悉发行、广告、会计各课的情况，也要考察记者、编辑和各地通信员的工作，还要管理全报馆的人事行政和外部派遣。[②] 曾担任《大公报》经理的许萱伯、曹谷冰、金诚夫、李子宽、王文彬、费彝民等人，都是经过多年新闻业务历练的骨干。他们既懂得采访消息，也会经营管理。有关研究显示，这一传统在如今《大公报》的组织机构中仍有所保留。

第二节　广告经营方式

续刊后，《大公报》在广告经营上主要有以下四种方式：大公报馆及各个分馆门市承接，广告社、广告公司代理，各地分销处承办以及海外派出站销售。

一　门市承接

当时，广告主常被称为"广告户"，[③] 是指为推销商品或推广服务而委托大公报馆发布广告的商号、公司和店铺。有时候，也会将刊登非营业广告者称为"刊户"或"登户"。广告主或刊户直接上门与报馆广告课接洽购买广告版面、刊载广告的事宜，大公报馆根据广告主的需求为其设计和编排各种字句与图画广告，此种方式即门市承接。

---

① 萧乾：《我与大公报（1935年—1939年）》，周雨主编《大公报人忆旧》，第166页；罗承勋：《大公报的晚报》，周雨主编《大公报人忆旧》，第155页。
② 曹世瑛：《从实习生到外勤课主任》，周雨主编《大公报人忆旧》，第124页。
③ 《大公报》（天津）1945年12月12日。

在门市上，广告课有专门的业务人员负责应承，依广告发布的规则办理业务。续刊初期，天津馆的广告承揽员是许光煜。重庆《大公报》创设时，在通远门外嘉沪旁边设立了门市部收刊广告。创办桂林馆时，在漓江大桥桥头开设了门市部，由戚家祥负责广告。

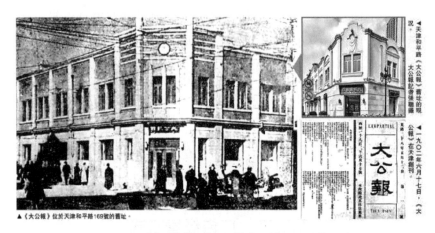

▲《大公报》位於天津和平路169號的舊址

图 3-2　《大公报》位于天津和平路 169 号的旧址

资料来源：引自大公网 2022 年 6 月 7 日的报道《大公报 120 周年 | 天津闹市小楼 诞生百年大报》，http://www.takungpao.com/news/232108/2022/0607/728121.html。

招揽和收刊广告是广告部的职责，此外，还有许多广告通过邮寄的方式寄送到报馆托登。如在《大公报》仅设天津馆时，就已有从上海寄来的广告。但长期的广告业务，则需要广告社来代理。

二　广告社代理

代理制的目的是降低商品的交易成本，在 20 世纪二三十年代广告代理制已粗有端绪。广告社作为中介为广告主和《大公报》双方提供服务，一方面承接广告主的登报业务，应其要求提供广告编排、设计和代理服务；另一方面，又为《大公报》承揽广告业务。这种方式对广告主、广告社以及大公报馆来说都很便捷，所需资金少且便于管理，显示出当时广告经营和广告市场已渐趋成熟。由于篇幅有限，现仅将广告社为《大公报》提供的服务述大意于下。

1. 争取广告主，简化门市推销工作

据大公报人回忆，《大公报》（重庆）的门市部不仅负责收刊广

图 3 – 3　武汉汉润里 2 号为大公报馆汉口旧址，两层建筑，石库门结构依旧完整

资料来源：引自大公网 2022 年 6 月 7 日的报道《大公报 120 周年｜天津闹市小楼 诞生百年大报》，http://www.takungpao.com/news/232108/2022/0607/728121.html。

图 3 – 4　经过逾半年修缮，大公报馆重庆旧址主体建筑已完工

资料来源：引自大公网 2018 年 3 月 30 日的报道《重庆修缮《大公报》旧址 打造历史展陈区》，http://news.takungpao.com/hkol/headline/2018 – 03/3556673_print.html。

告，还负责报纸发行，忙得不可开交。《大公报》（桂林）创设伊始，门市部的戚家祥便投入紧张的广告承接工作。广告社的代理无疑简化了门市承接广告的工作手续，报馆与一家广告社联系就相当于与众多的广告主建立了业务关系。

图 3 – 5　《大公报》（桂林）当年的办公岩洞，如今已变成了一家企业的仓库

资料来源：引自大公网 2022 年 6 月 8 日的报道《大公报 120 周年 | 重庆艰苦办报抗战舆论中坚》，http://www.takungpao.com/news/232108/2022/0608/728513.html。

2. 代替《大公报》争取经济利润，减轻广告设计和编排负担

当时较大城市的广告行业颇为热闹，仅就上海而言，1935 年中外广告社已达一百多家。《大公报》广告业务的发展与当时众多的新兴广告社有密切关系。

通过广告社的代理，减轻了报馆广告课制作和编排广告的负担，这在图文并茂的广告上体现得更为明显。1931 年 1 月 5 日天津良友美术公司"美术与广告"的广告语揭示了当时广告市场中，美术设计对于广告的重要作用——"如果你想振作你的营业，那么，广告是绝对不可忽略的，而美术又是广告的生命，没有生命的广告你还能希望它的效用么？"广告社聘有专门的美术人才，可以制作各种图案新颖、形象逼真、笔法细腻的插图广告，增强广告的传播效果。

当时，有些直接与报馆接洽的广告主和刊户会拖欠广告费，因此，无论长期广告还是短期广告，报馆需要随时提醒他们须先行支付刊费。

大公报馆通过广告社出售广告版面，广告费由广告社集中向报馆支付，避免了逐一向广告主收取刊费的麻烦，也不必担心广告主拖欠广告费造成的财务风险。当然，报馆也要付给广告社一定的代理费，通常情况下会给其七折优待。

此外，各地各大广告社也会在《大公报》上刊登自我广告，以求在广告市场的激烈竞争当中拥有一席之地。新中国广告社就曾连续在《大公报》上刊登广告："本社包登京津沪奉报纸广告及粘贴广告、电影广告、印刷广告、传单广告，价格特廉，手续方便。"每逢新年伊始，新中国广告社都会刊登一则业务介绍广告或贺年广告。例如，1928年1月1日的广告里写道，本社包办"报纸广告、传单广告、电影广告、电车广告、黏贴广告、游行广告"，"办事妥稳、信用可托"，特聘刘嘉祥担任"报纸绘画、传单绘画、电影绘画、游行绘画、窗口陈列、电汽活动、描情写意、画影绘声"。1930年1月1日的广告"恭贺年厘，新中国广告社同人鞠躬"，配以多个"合作握手"的插图。在1931年1月1日的广告里申明其"专门经营广告实物，概不代售任何物品"，代登"天津《大公报》、天津《益世报》、天津《庸报》、天津《商报》、天津《新天津》、天津《午报》"广告，并特设美术部，专绘"报纸广告画、窗口广告画、电车广告画、木牌广告画、印刷广告画、门前广告画、电影广告画、游行广告画"，"手续简便、价格低廉、画工精细、定期不误"。

类似的，大陆广告公司也登载过贺年广告，例如在1931年1月1日的广告里，该广告公司的经理携同人恭贺新禧，"恭贺年厘，华延九鞠躬"，"恭贺年厘，大陆广告公司同人鞠躬"。

曾刊登自我广告的还有杨本贤广告公司和现代广告社。1934年5月15日，杨本贤广告公司在广告里称，代登"全国各报广告"，"手续简捷，取价极廉，在此一家，可能登数百家之报，登载迅速，保管满意"。1940年10月5日，现代广告社在广告里写道，"君欲登广告乎？请委托现代广告社"，"既省事，又省钱"。

三　分销处承办

《大公报》续刊的最初十年间，就已经在全国各地设立了分销处。分销处承办形式不拘，有的由当地的报馆人员承办分销事宜，有的则是委托当地有经验的人成立分销处，主要负责报纸的发行工作，同时也接洽当地的广告业务。这一广告经营方式可以从各地分销处的启事当中找寻到依据。

例如，1931年6月7日《大公报》寘晋分销处在启事中写道："本报寘晋分销处向由平民报社郑怀钧先生承办，因办理得法以致于销数日增，成绩优良，对于订户随时由邮局取出即行分送，读者均以手续敏捷，先睹称快。四乡订户亦可代订，并代订《国闻周报》，及承登广告，爱读希诸君就近赐予接洽为荷。"潢川分销处的启事里也有类似的表述，"本报河南潢川分销向由醒世报社承办，成绩尚佳，今因醒世报社同人业将社务全盘交与郭云清君接办，更名为启民派报社。郭君特将内部加以整顿，并增添报差报到，随即用自行车驰送阅户。希潢川一带爱读本报及惠登广告者就近向郭君接洽为幸"。

四　派出站销售

大公报馆还通过在海外设立的派出机构发展广告业务，挖掘潜在的广告资源。这些海外派出站主要从事当地的新闻采访工作，同时，也在力所能及的范围内兼营广告和发行业务。其中，驻美办事处特派员是朱启平，驻英办事处特派员是黎秀石，驻日特派员为高临渡，驻新加坡办事处特派员为郭史翼。《大公报》编经业务的成功经验是任用了一批既精通采编工作又会经营管理的报人，为在派驻当地推销广告版面、洽谈和承接广告业务创造了良好条件。二战结束后，对于争相开辟中国市场的外国出口商来说，广告是绝对不可或缺的。《大公报》总管理处很重视这项广告业务，因而《大公报》在海外设立的各个派出站也承担起为津、沪、渝、港等版招揽外商广告的任务。以伦敦办事处为例，在人手不足时，他们还委托当地的广告商代为办理，如此一来，战后头一二年，津、沪、渝三个馆都有一定数量的英商广告。

从 1926 年续刊到 1946 年，《大公报》资本估值增长到 65 万美元，之所以发展如此迅速，是因为上述四种现代化广告经营方式在招登广告上起到了重要作用。

第三节　广告经营策略

大公报馆并没有将广告看成读者需求的对立面，恰恰相反，大公报馆认为广告既可为读者所乐读，同样可以无负于读者。据大公报人回忆，胡政之认为，报纸只有经济自给自足，才能保证其独立性，不受外来干涉。他曾在桂馆召集同人讲话，指出《大公报》不同于清末民初的文人办报，也区别于当时沪上那些销路好的报纸，报馆必须兼顾新闻业务和经营管理。[①] 透过历史的行迹，我们可以看到大公报人在广告经营上的很多策略和智慧，有些至今仍是值得借鉴的。

一　扩大报纸版面，适时调整广告价格

在开创初期，《大公报》的广告基本为一个半版到三个版。其广告价格从 1902 年 7 月 30 日报头旁刊出的"广告价格启事"中可见一斑："本报刊登告白，短行以五十字起码，长行以二百字起码，多则以十字递加，前幅加倍。第一日每字取洋五厘，第二日至第八日二厘五，论月每字四分五，论年每字四角。"[②]

续刊后，尤其是从 1929 年开始，《大公报》的广告业务一日千里。报纸由两大张增加到四大张以上，广告版面也随之增加，有时还

---

① 李侠文：《我所认识的张季鸾、胡政之两先生》，周雨主编《大公报人忆旧》，第 267 页。
② 《大公报》（天津）1902 年 7 月 30 日。

因稿件和广告的拥挤而增加张数，整版广告甚至跨版广告也相继出现。

譬如，1933 年 9 月 3 日，"本报因广告拥挤今日本外埠一律添刊半张"；1934 年 1 月 1 日，"今日本报因广告拥挤增刊半张，又《文学副刊》载第三张第十一版"；1934 年 4 月 1 日，"今日本报因广告拥挤本外埠一律增加半张"；1934 年 8 月 19 日，"今日本报因广告拥挤本外埠一律增刊半大张，又《妇女与家庭周刊》载第三张第十一版"。

再拿社评前的广告来说，开始只有两三条，1927 年初逐渐增加到 1/3 版，1927 年 9 月则增加到 2/3 版，1937 年增加到了头版整版及第 2 版的 3/4 版。刊登广告涉及各行各业，例如律师、会计、书局、银庄、饭店、百货店、绸缎庄、钟表行、电影院、学校等。

在新记时期，因广告经营向好，广告版面拥挤，报馆便根据不同时期的物价涨幅及广告市场行情，适时调整广告章程和价目。例如，1926 年 9 月 13 日，题为"广告价目"的启事当中写道："本报广告以五方寸起码。"又于 1934 年 12 月 25 日刊布了更新后的广告价目，"本报广告价目自二十四年一月一日起改订如下：普通地位，'第二三张'每寸每次大洋八角。特别地位，'第一张'每寸每次大洋一元二角。指定地位，每寸每次大洋一元六角。平津附刊，每寸每次大洋五角"。

到了 20 世纪 40 年代，因物价上涨，开支激增，大公报馆为了维持业务，根据当时物价涨幅情况，酌情增加了广告刊费，这体现在对重庆版和桂林版的广告价目更订上。如 1940 年 10 月 1 日将重庆版的广告刊费调整为：特等（刊于报头下十方寸之地位者），每日五十四元；甲等（刊于第一版或第四版者）每方寸三元六角；小广告（内容以征求、待聘、遗失、寻人、招租五类为限），甲种（以新五号字六十字为限）每日三元，乙种（以新五号字一百二十字为限）每日六元。两年后，1942 年 11 月 1 日又将该版的广告刊费改定为：普通地位，每方寸二十五元；指定地位，每方寸四十元；中缝，每方寸四十元；报头下，四百元；甲种经济小广告，二十元；乙种经济小广告，四十元。

由于物价高涨，尤其是纸张等材料价格飞涨，大公报馆也在1942年对桂林版的广告费进行了调整。3月1日调整为：甲等，每寸每次七元；小广告，甲种每天六元五角，乙种每天十三元。5月16日调整为：特等（以报头下十方寸地位为限），每日二百元；甲等，每方寸十元；里中缝，每方寸二十元；外中缝，每方寸十元；小广告，甲种八元，乙种十六元。以上每次广告费的增加，《大公报》不仅通过刊登启事广而告之，而且备有新的广告章程和广告价目，以供广告主和刊户使用与核计。

二　细分广告门类种类，采取分级定价策略

当时，很多报纸广告经营固守统一模式，相比之下，《大公报》则显示出灵活机动的经营策略。登载广告的广告主和刊户无不力求经济合算，有鉴于此，《大公报》按照版面的不同、位置的不同，把广告的刊布价格分级，使广告主和刊户可以按照自己的需求刊登广告，达到"费廉效宏"的效果。

首先，这体现在统一版和地方版的广告分级收费上。抗战前夕，在津、沪两分馆保持社评、要闻、国际新闻及商品经济等统一版面。统一版的发行面向全国的读者，所登广告收费较高；地方版广告由各分馆编排，仅面对当地的读者，因此收费较低。例如，天津版有《本市附刊》，在天津、北平随报纸发行；上海版有《本市增刊》，随报发行至沪宁、沪杭沿线。这两个地方版上的广告针对性强且收费较低，对当地刊登广告的各行各业比较合算。

其次，分类广告的灵活收费也能够说明这一点。徐宝璜曾将分类广告称为"小形之新闻"，"将几种最普通之广告，如遗失、待访、招请、待请、招租、待租、新书出版、学校招生等，各为一类，聚之一处而登之。此种广告，实乃小形之新闻"。[1]《大公报》面向全国发行

---

[1]　徐宝璜：《新闻学》，第87页。

后，对于面向全国的"大公介绍栏"和仅针对本地的"大众经济广告栏""大公经济广告栏""经济小广告"，按照其内容的不同，将价格分级，刊费较一般商业广告要低得多。"大公介绍栏"一般位于报纸的第 12 版，它位置固定，门类繁多，本埠外埠均能利用。其门类包括商店、人事、买卖、学校、律师、房地租售、游艺、旅馆饭店、医生、征求、求事、征聘、出版、声明、拍卖、杂件等十六个。广告分为甲乙两种，该栏设立伊始，甲种以新五号字五行地位为限，乙种以新五号字十行地位为限。刊费上，甲种刊一次收价一元，刊三次收价一元八角，刊七次收价三元；乙种刊一次收价二元，刊三次收价三元六角，刊七次收价六元。另外，还对求事、待聘广告给予六折优待。"大公介绍栏"刊费灵活，收费低廉，吸引了大量刊主，被称为"一元起码天下皆知"，"广告经济化合理化之新发轫"。此后，"大公介绍栏"还应刊主的需要，添设了不少新的门类。

图 3-6　当年《大公报》（上海）的编辑部

资料来源：引自大公网 2022 年 6 月 7 日的报道《大公报 120 周年 | 天津闹市小楼诞生百年大报》，http://www.takungpao.com/news/232108/2022/0607/728121.html。

在此基础上，自 1937 年 2 月 14 日起，《大公报》在上海版的本埠增刊栏内开辟编排醒目的"大众经济广告"，"每行计价洋二角五分，以四行起码"。对于长期刊登者，按照"单位"（每单位计八行为一格）收费，每星期实收洋五元，每月实收洋二十元。1938 年 8 月 18 日起，在香港版特设"大公经济广告栏"，专刊遗失声明、房屋出租、空地出售、待聘、招请职员、寻人等广告。甲种以十行为限，每行计新五号字十二字，刊登一天一元，一星期五元；乙种以二十行为限，每行计新五号字二十字，刊登一天二元，一星期十元。1939 年 1 月 11 日起在重庆版特辟"经济小广告栏"，将招租、出让、聘请、待聘、征求、介绍、寻找、遗失声明等内容分类刊登。甲种以新五号字六十个为限，每日刊费一元，逾六十字至一百二十字为乙种，每日刊费二元。

据大公报人回忆，为了服务读者，《大公报》常常刊载黄炎培、孙起孟等进步人士主办的中华职业教育社的招请和求职的启事，大学生求做家庭教师的小启事，以及各种聘请人才、求职、寻人的小启事，深受读者欢迎。①

最后，按照"特等地位"、"特别地位"、"普通地位"和"指定地位"对广告进行分级定价也显示了这种灵活性。需要说明的是，各馆、各版在不同时间段表述各种广告的地位时，所使用的称谓略有差异。例如，表述"最优地位"时曾使用特等、特别、甲等几种不同的称谓。笔者尝试按其所对应的版面位置进行归类，将其分为"特等地位"、"特别地位"、"普通地位"和"指定地位"。"特等地位"是"刊于报头下十方寸之地位者"，"特别地位"一般指报纸头版、第 2 版的广告版面。就一份报纸来说，头版广告，尤其是报头下的广告最先进入读者的视野，最能吸引读者的目光，因此，此处广告的刊费价格相对较高。普通地位是除"特等地位""特别地位"以外的其他广

① 姜钟德：《在大公报编副刊的经历》，周雨主编《大公报人忆旧》，第 189 页。

告版面。相对而言，刊费不及前两种那样高。指定地位是由广告主自行确定的广告版面和位置。在一则广告指定地位后，往往需要先把它的位置编排好，再添加其他的广告，因此它的刊费也较高。其他的分级还包括"里中缝"和"外中缝"，前者的价格高于后者。这些策略反映了灵活的广告收费标准，使大大小小的广告主和刊户可以根据自己的经济能力与实际需求来选登广告。

三 内容带动发行，发行带动广告

从报业产品的生产环节来看，虽然表面上，新闻业务和广告、发行业务各自独立，分别行使功能，但实际上它们相互联系、相互协调、相辅相成，共同服务于报纸的整体办报方针。

1926 年 9 月续刊之时，《大公报》在头版发表了《大公报续刊辞》和《本社同人之旨趣》两篇论评以及一篇《本报启事》。其中，《大公报续刊辞》和《本社同人之旨趣》颇受学界的关注，相比较而言，对《本报启事》进行研究的较少。《本报启事》所阐述的五点内容，实际上既涉及编辑方针也涵盖经营方针，也就是说，从续刊之日起，《大公报》就将新闻业务和经营管理放在同等重要的位置，认识到了二者互为表里的关系。

其一，声明《大公报》言论公开，愿做人民真正的喉舌，特设"时论"与"读者之声"两栏，欢迎各界投稿。"时论"在最优版面发表长篇论著，持论平允公正。对于时事抒发成文，体裁简短者，则刊入"读者之声"栏。其二，申明《大公报》的宗旨是注重民生问题和商业经济。特辟"'经济与商情'一栏"，"国内外、本埠外埠、金银市价、内外汇兑，以及棉纱、五金、豆米粮食之商情涨落，市况高低，均派有专员随时以专电报告，或用专篇记述，编列既极醒目，消息尤求敏确，务使商界得莫大之便利"。其三，"为便利本埠读者起见，凡直接订阅本报各户，每晨均有专差于九时前一准送到"。其四，

"京津方面，送阅两天，除由派报人送呈外，爱读本报诸君，可向本馆分馆索取"。其五，"本馆本埠分发行所，设广与大街万有派报社，凡有关于代销及发行一切事物，均向该社接洽为荷"。

首先，《大公报》的内容为读者所乐读，为报纸打开销路创造了条件。新记《大公报》成立后，积极革新内容，将报纸办得丰富多彩，在版面上亦表现出新鲜活泼的气象。在当时中国的新闻界中，一般报纸的内容比较贫乏，不仅"本报专电""外国通信社电"等栏目的内容千篇一律，而且切中时事、针砭时弊、不偏不倚、不带政治偏见的言论少之又少。在排版上也往往遵循着单一的形式，无论新闻重要与否都使用一致的字体字号。而新记《大公报》内容丰富，有两整版国内外要闻，并将重要新闻编排在醒目的位置，尤其重视言论的针砭时弊。版式活泼，铅字字体大小多样，往往配以插图和照片。另外，新记《大公报》还在各地征聘通信员，以便获得第一手新闻线索，深入新闻现场，贴近新闻事实。这在当时的中国报业中是独树一帜的，对南北方新闻业起到了促进革新的作用，同时这也是《大公报》销路日广的重要原因。

其次，广告收入是报馆收入的重要部分，发行量是招揽广告主的依据，也是吸引广告主的主要因素。广告主希望通过报纸将广告传达给更多的读者，使自己的商品、商号、服务家喻户晓，因此不断扩大报纸的发行量，拥有更多的读者成为吸引广告主的重要因素。《大公报》素来注重发行，早在英敛之时期就已在国内大中城市和南洋、日本、美洲等地，设有代派处和代销点60多个。[1]

新记时期，报馆更加重视报纸的发行工作。《大公报》设有发行课，承担发展订户和管理分销处的任务。当时，除津、沪、渝、港四馆包销《大公报》以外，北京、沈阳、济南、太原、西安、郑州、河

① 《大公报一百周年报庆丛书》编委会编《我与大公报》，复旦大学出版社，2002，第453页。

南、武昌均有分销处，海外派出站也兼任报纸的发行。1926 年 9 月吴鼎昌、胡政之、张季鸾接办《大公报》时，打不开销路，发行量不足 2000 份。尔后，《大公报》的销量长期徘徊在三四千份。1927 年 5—6 月发行量激增，涨至 6000 份。抗战期间，《大公报》（重庆）发行多达 97000 份，创大后方一家报纸发行量的最高纪录。战争结束后，上海、天津、重庆、香港四版共发行 20 万份。①

为增加发行量，《大公报》（上海）在创刊伊始，便到京沪沿线和沪杭线推广报纸，推销员的足迹遍布南京、无锡、苏州、常州、镇江以及杭州、嘉兴一带。同时，时常在报纸上刊登"招请分销处"的广告，委托各地报馆承办《大公报》分销事宜，或在当地成立分销处。分销处设立后，通过广告推介分销处的业务、地址和联系人，方便读者与其接洽。分销处为扩大报纸的销路提供了便利条件，报纸从邮局取出，随即运至分销处，由专差驰送到读者手中，免去了读者汇款订报的手续。此外，还在主要交通线和码头、公路、车站等地增设发报站。这些发行上的举措，使《大公报》发行量一度达到 9 万 7000 多份，比当地几家报纸都多。桂林版发行量最高可达 6 万多份。

胡政之创办香港版之后，《大公报》（香港）行销南洋。黎秀石在英国伦敦办事处除负责采访之外，还要兼办发行业务。《大公报》在英国的订户最多时也只有三十几位，但却不肯失掉这块阵地，可见其重视发行之程度。此外，为扩大报纸的影响力，《大公报》在国内首创航空版，在重庆时曾发行印度加尔各答航空版，在台湾发行英文版，抗战胜利后，《大公报》（上海）首先在台湾发行航空版。②

此外，《大公报》各馆、各版之间相互配合，通过发布出版预告启事，将地方版的出版事宜广而告之。例如，1941 年 3 月 12 日在《大公报》（桂林）出版前夕，香港版刊发了出版预告。"本报桂林版

---

① 李清芳：《发行工作 40 年》，周雨主编《大公报人忆旧》，第 42、46 页。
② 袁光中：《大公报的经营管理》，周雨主编《大公报人忆旧》，第 26 页。

筹备就绪，定于三月十五日发刊。倘荷各界定阅或委登广告，请向本港利源东街十四号本报接洽为幸"，同时，将每月、半年、全年的报价以及广告价目——列举，并招揽各地派报员，"各地派报同业愿担任代派者，请径函'桂林正阳街西巷一号大公报馆发行股'接洽为荷"。1941 年 3 月 20 日，即《大公报》（桂林）出版几日之后，又由重庆版刊布征订报纸和招登广告启事："本报桂林版已于三月十五日出版。倘荷各界定阅或委登广告，请向本市中一路九十六号本报营业处接洽为幸。"这些足以说明，《大公报》将发行放在重要的位置，因此其以发行带动广告的能力要优于一般报纸，是无足怪的。

值得一提的是，广告有时也会为提高发行量锦上添花。正如徐宝璜所说，这类"小形之新闻"，"正当广告中最足的推广一报之销路者，为分类广告"，"如取价甚廉，使其发达，则足以推广一报之销路者，毫无疑义"。正因为《大公报》登载的分类广告种类繁多，裨益刊户和读者，也必会为扩大报纸的销路助一臂之力。

为了适应新闻业务和经营业务一体化的需要，《大公报》采取双轨制，即沟通编辑和经理两部门。因此，《大公报》的经理都是由编辑部的骨干来担任，这样做可以使编辑部随时了解经营情况、业务情况，并把编辑方针贯穿于经营的全过程，两个部门相互通气，避免隔阂。这种人事政策是《大公报》编经业务获得发展的重要原因。

四　活跃版面，注重广告表现

《大公报》注重在有限的版面中挖掘广告潜力，通过广告版面编排提高读者的注目率。具体表现为五个方面。其一，强调同一版面上新闻内容与广告内容之间的搭配和联系，使读者在浏览新闻的同时关注广告的内容。例如，在《医学周刊》之下常配以各种医药广告；经济新闻版面之下多为银行业、百货零售业广告；副刊《小公园》未改版前以传统曲艺及旧闻掌故为主，为符合其风格，其下还注意配以各种戏院广告。

其二，对同类商品进行归类编排。《大公报》往往按照招租出售、律师代表、股东开会、银行储蓄、招请短期、宣布出版、学校招生、新张纪念、声明作废、启事卸责、征求、书籍、刊物、鸣谢、招标等种类对广告进行归类排版，将同类信息集中安排在一起，增强广告的易读性，降低读者搜索广告的费力程度。

其三，对特定广告予以差异化的横排或竖排，通过横竖结合的排版突出广告的表现力。例如，1933 年 10 月 10 日第 18 版的电影预报广告里，在大多数广告文字遵循正常排版的前提下，特意将一则广告里的文字方向进行旋转，要想阅读该广告内容，就需要把该版由左向右旋转过来。1934 年 5 月 15 日第 14 版的一则电影预报广告也是如此，需要由右向左旋转过来才能知晓这则广告的内容。这样不仅刻意突出了上述广告的视觉冲击力，而且使版面更显活泼，更具感染力。

其四，采用新闻与广告混排。《大公报》新闻和广告混排一般在三个位置：底栏、顶栏和边栏。其中底栏最为常见，其次为边栏和顶栏，这样有助于吸引更多的读者注意。虽然偶尔也有广告穿插在新闻报道中的情况，但出现的概率很低。这说明《大公报》不像其他报纸那样为提高广告的注目率做刻意安排，而是希望借新闻的权威性激发读者对广告的关注。

其五，《大公报》还注意提升印报质量。在续刊之初，《大公报》使用的印刷机器还是"老牛牌"平版机。后来由于销数增加，1929 年从上海《新闻报》买来一架二手轮转机，每小时可印几千份。印报技术的进步，使《大公报》与其他报纸相比，提高了广告的表现力，增强了传播效果。技术革新后的广告印刷精良，字迹和插图清晰、整洁，更能将广告商品和服务的特点凸显出来，不仅能够吸引读者的注意力，而且有助于给其留下更深刻的印象。此后，《大公报》还提供套色广告服务。例如，1936 年 12 月 8 日刊登了"本报套色广告价目表"的启事。"套印彩色广告'每次只限加印一色'","无论特等、普通地位均以三十英方寸起码,所占地位多寡以广告全面积为标准","三十寸加二十元,半版加六十元,全版加一百十元"。当时,大多报纸往往使用黑色单色印刷,《大公报》在报界率先使用熟练的套色印刷技术,套印出来的广告在众多黑色单色的广告当中脱颖而出,鲜艳夺目。

五 提升声誉度,吸引广告主

翻阅《大公报》的报纸可以看到,它"以受众为中心"的编辑方针和整合社会的意识成为隐性的广告经营策略。《大公报》具有强烈的公共服务意识,经常开展社会活动,满足社会需要,在报界具有广泛的影响力。例如,每逢自然灾害,便在报端恳请社会各界为灾民慷慨解囊;代收赈灾捐款,成立了"大公报救灾委员会",由专人负责赈灾事务;助力航空事业发展,购置滑翔机,命名为"大公报号",增进国人对中国航空事业的了解和兴趣,显示出对中国航空事业的期盼;组建"大公剧团",举办抗日救国戏剧义演,发起救济受伤抗日联军将士运动,传播抗日救国思想,激励国人的爱国热情和抗战斗志,对全国军民奋起抗战起到了鼓舞作用;组建大公篮球队,提倡强国强民的体育事业,吸引了大批读者热情参与(见图3-7)。当时,中国社会纷争扰攘,抗日呼声四起。《大公报》与国家休戚与共,尽全力倡导抗日救国大业,促进团结合作,鼓舞人心士气,振奋抗日精神,坚持不投降、不受辱的报格,深受具有强烈民族意识的社会人士的信任和支持。

而且,《大公报》还借助自我广告来提升其在公众中的形象。频繁见于报端的"本报增出艺术周刊预告"和"请注意今日本报增刊××周刊,明日则为××周刊"以及为纪念其续刊十周年而征集科学论文的自我广告,体现出《大公报》的广告运营采取为公众服务—赢得公众信赖—吸引读者—树立报纸品牌—吸引广告主的模式。

图 3-7　组大公篮球队，征战奥运

资料来源：引自大公网 2022 年 6 月 16 日的报道《人物志 | 费彝民：忠于祖国
当一辈子新闻记者》，http：//www. takungpao. com/news/232108/2022/0616/731418.
html。

六　广告运营专业化、规范化

广告运营的专业化、规范化也是《大公报》在广告经营上的一大
特点。首先，报馆和分馆的广告部采用灵活的广告承接方式。广告主
可以直接到报馆接洽业务，也可以电话通知报馆，由报馆派广告承揽
员到广告主处所进行晤商。例如，1939 年 4 月 29 日，《大公报》（香
港）设计了一种"商业联合广告"，"定于每星期刊出一次，用红黑墨
印成，刊于第一版封面上部，效力颇为宏大"。广告主可以"径临敝
报广告股接洽"，也可以电话通知，"当即派员趋前晤商"。为了便利
广告主送登广告，《大公报》还对营业时间做以调整。例如，抗战胜
利后，重庆馆将营业时间延长到晚九时以增加收入，这反映了在承接
广告时间上的灵活性。

其次，通过广告社或广告公司的代理实现广告编排、设计、制作
的专业化。在当时，新中国广告社、大陆广告公司、杨本贤广告公司、
现代广告社、天津良友美术公司等广告公司之间进行着激烈的广告价

格竞争、版面地位竞争和广告辐射面竞争，他们拥有广泛的广告资源，又承包了报纸的版面，实力相当雄厚。《大公报》的广告主要由大陆广告公司的华延九和新中国广告社的李散人代理。李散人原为天津《新民意报》的广告部主任，熟悉广告业务，后来进入《益世报》和《大公报》，承包了两版广告业务，不久成立了天津第一家广告社——新中国广告社。① 当时的广告代理有着严格的制度约束，新中国广告社并非《大公报》所兼营的附属机构，而是一家独立的广告公司，处于中介地位沟通着广告主和《大公报》双方，广告主、广告社和《大公报》三者之间形成了制衡，这是民间报纸现代化的管理制度，有利于报纸广告的发展。

自从被新记公司盘购后，《大公报》将广告视为报纸发展的重要经济基础，筚路蓝缕，以只许成功的决心在广告经营上进行了大胆的改革。首先，《大公报》采取了编、经沟通的广告组织机构。总经理、总编辑领导下的经理室和编辑部，除在本部门内部各司其职外，还彼此沟通，编辑部不仅负责报纸各版面的编辑，还负责为广告安排版面。这种经理室和编辑部之间相互沟通的组织形式有利于拓展广告业务，也是大公报馆在经营管理上的一个特色。其次，《大公报》在广告经营上主要体现为四种方式，分别是大公报馆及各个分馆门市承接、广告社、广告公司代理，各地分销处承办以及海外派出站销售。从 1926 年续刊到 1946 年，《大公报》资本估值增至 65 万美元，之所以发展如此迅速，这四种现代化的广告经营方式在招登广告上起到了重要的作用。最后，采取灵活多样的广告经营策略。第一，扩大报纸版面，根据不同时期的物价涨幅及广告市场行情，适时调整广告章程和广告价目。第二，按照版面的不同、位置的不同，把广告的刊布价格分级，使广告达到"费廉效宏"的效果。第三，以内容带动发行、发行带动

---

① 邹仆：《解放前天津市新闻事业发展概要》，天津日报新闻研究室编印《新闻史料》第 29 辑，1994 年，第 32 页。

广告，实现新闻业务和经营管理之间的相互联系、相互协调、相辅相成，共同服务于报纸的整体办报方针。第四，活跃版面，注重新闻内容与广告内容在同一版面上的搭配和相关性，将同类商品进行归类编排，对特定广告内容予以差异化的横排或竖排，采用新闻与广告混排，注意提升印报质量，提供套色广告服务。第五，开展社会活动，满足社会需要，提升声誉度，吸引广告主。第六，规范广告运营，广告主、广告社和《大公报》三者之间形成制衡。这些是一份商业性报纸不可忽视的广告经营理念。所谓"皮之不存，毛将焉附"，要发展报纸这一事业，必须重视它的商业性。从新记《大公报》的广告经营特点可以清晰看出，它是独立经营的，广告是其维生机制，正像大公报人所说的，《大公报》是"一种在市场上竞争的商品"，它已从早期的观点报纸转变为具有商业性的综合报纸。

| 第四章 |

新记《大公报》与其他同期报纸
广告活动的共时比较

　　《大公报》是一份依靠广告经营而巍然自存的报纸，也是一份由文人创办的以文人论政、文章报国为中心思想的报纸。它的广告活动既具有民营资本运营的商业性特征，又是其"以受众为中心"的编辑方针的延续。本章从商业性和公共服务意识两个方面将其与其他同期报纸加以比较，来考察它在广告活动上的创新之处。

第一节　商业性对比

　　当时争夺广告之激烈程度，是不亚于争夺新闻的。一份报纸的广告经营特点与其办报思想和编辑方针有着紧密的联系。例如，史料记载，工商界实业家胡文虎声名显赫，他经营的"虎标永安堂"万金油、八卦丹等商品家喻户晓。他虽不通晓新闻业务，但也成功创办了一系列的"星系"报纸。其办报动机耐人寻味。由于他经营的"虎标永安堂"商品每年都要在报纸上投放大量广告，于是他想到如果自己创办报纸，在自家报纸上刊登广告，就能节省大笔广告费。在这里，先将带有其他初衷的报刊抛开不谈，且对进步民族报刊《申报》、《大公报》和《生活》周刊的广告做一番比较。

《申报》与《大公报》一样，既是民营大报，也是民族报纸，两者的广告具有可比性。《申报》素来很重视对广告资源的开发，在此方面硕果累累。从总体来看，《申报》广告的商业性更为突出，具有广告内容十分丰富，且信息密度大的特点。与《申报》不同，另一个进步报刊《生活》周刊的商业味道淡了很多。广告的数量与报刊销量有一定关系，但不是销量越大，广告就越多。《生活》周刊的发行量很大，曾超过 15.5 万份，创当时全国期刊发行的最高纪录，但广告却是显得寥寥无几。《生活》周刊上的广告数量与报馆本身对广告的重视程度及其办报、办刊思想密切相关。根据所掌握的资料，笔者对《申报》、《大公报》和《生活》周刊三份报刊在 1930—1932 年的广告的相关信息进行了抽样统计（见表 4 - 1—表 4 - 4）。

表 4 - 1　1930—1932 年《申报》、《大公报》和《生活》周刊版面总数的抽样统计

单位：个

报刊	1930 - 09 - 01	1931 - 09 - 01	1932 - 09 - 01
《申报》	26	30	30
《大公报》	12	12	12
《生活》周刊	16	24	24

注：《生活》周刊的样本时间分别为 1930 - 09 - 07、1931 - 09 - 05 以及 1932 - 09 - 03，表 4 - 2—表 4 - 4 同，不再出注。

表 4 - 2　1930—1932 年《申报》、《大公报》和《生活》周刊
广告版面数量的抽样统计

单位：个

报刊	1930 - 09 - 01	1931 - 09 - 01	1932 - 09 - 01
《申报》	20	23	23
《大公报》	6.3	6	6.5
《生活》周刊	6.5	11.5	11.5

表 4 - 3　1930—1932 年《申报》、《大公报》和《生活》周刊广告总数的抽样统计

单位：条

报刊	1930 - 09 - 01	1931 - 09 - 01	1932 - 09 - 01
《申报》	354	271	347
《大公报》	182	154	174
《生活》周刊	38	66	71

表 4 - 4　1930—1932 年《申报》、《大公报》和《生活》周刊的其他类别广告

报刊	1930 - 09 - 01	1931 - 09 - 01	1932 - 09 - 01
《申报》	紧要分类广告、《申报》本埠分类广告	紧要分类广告、《申报》本埠分类广告	紧要分类广告、《申报》本埠分类广告、"上海游艺演员"分类广告
《大公报》	小广告	大公介绍栏	小广告、大公介绍栏
《生活》周刊	无	无	无

注：《申报》"紧要分类广告"刊在全国版上，"《申报》本埠分类广告"刊在"本埠增刊"上。《大公报》"大公介绍栏"刊在全国版上，"小广告"刊在"本市附刊"上。

从以上分别对《申报》和《大公报》广告相关信息的统计可以看到，不管是从广告版面的数量，还是从广告的条数来看，《申报》的广告都比《大公报》的要多得多。根据对 1930—1932 年的抽样统计，《申报》的广告版面平均占报纸总版面（含《本埠增刊》）的 77%，而《大公报》（含《本市附刊》）则占 52%。此外，研究显示，《申报》在主要新闻报道版面之前存在大量广告版面，这里的主要新闻报道版面是指版面的新闻量占该版的 1/2 以上，以示其新闻性。拿 1930 年 9 月 1 日的《申报》为例，第 1 版至第 3 版为全版广告，在第 4 版出现了"国内要电"，但仅占版面的 1/3，其余版面为广告。此后第 5 版至第 7 版均为全版广告，到第 8 版又出现了"国内要电"，占版面 1/8 大小，随后第 9 版刊出 1/8 版面大的"时评"，第 10 版和第 11 版分别出现占该版 1/3 和 1/2 大小的"国际要讯"和"要闻"。除上述新闻外，其余版面均被广告所占据，且每一个新闻版除在顶栏、底栏和边栏刊登广告外，还习惯性地在左中和右下"插播"广告，即为提高注目率而将广

告插进新闻报道文章中。其他广告还有紧要分类广告、《申报》本埠分类广告以及诸如"上海游艺演员"等不定期的分类广告。《申报》强调报纸的商业性，很重视广告资源的开发，刊登了大量各式各样的广告。除了大篇幅的广告侵占版面，在新闻版里也穿插广告，使版面有些单薄和凌乱，给读者阅报带来不便（见图 4-1—图 4-4）。《申报》是纯商业性质的民族报纸，它站在爱国进步的立场上，但又以营利为目的，丰富的广告及其与新闻间的比例是其办报思想的体现。

图 4-1 1930 年 9 月 1 日《申报》的头版广告

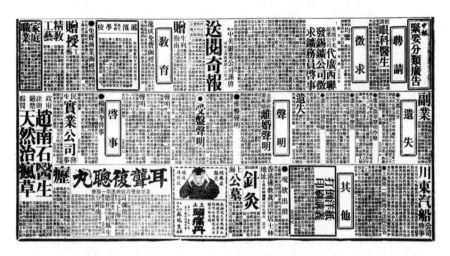

图 4-2　1931 年 9 月 1 日《申报》"紧要分类广告"一览

图 4-3　1931 年 9 月 1 日《申报》"本埠分类广告"一览

图 4-4   1932 年 9 月 1 日《申报》本埠增刊的整版广告

　　相比之下,《生活》周刊的广告数量要比《申报》和《大公报》少很多。广告版面平均占报纸总版面的 45%,也较其他两报要少。《生活》周刊上既没有分类广告,也没有以插播形式出现的广告,且每一期的重要版面,如头版,均用于刊登评论和主要新闻报道内容。《生活》周刊具有"完全以读者为中心,以社会的改造为鹄的"的办刊目的,广告颇少与其不重视广告资源的开发,不以营利为目的的办刊初衷有关。

　　《大公报》是一份独立经营的商业报纸，也是一个深怀报国之志的文化企业，它既需要广告赢利来维系报纸的生存，又时刻不忘"以受众为中心"的编辑方针。这使它的广告与《申报》和《生活》周刊都不尽相同，《大公报》既重视广告资源的开发，又把持着发布广告的"度"。《大公报》的广告版面约占报纸总版面的一半，且主要新闻版面前的广告版仅为两版，这说明它虽是商业性报纸，但仍坚守着报纸主要是新闻工具而不是商品促销工具的原则。新闻版上的广告固定在底栏、边栏和顶栏，不轻易穿插在新闻之中，这既体现了其维护版面新闻性的理念，也使广告资源与新闻信息资源的分配合理有序。这是《大公报》对以新闻为本位的坚守，也是其"以受众为中心"的编辑方针在广告经营上的延续（见图4－5、图4－6）。

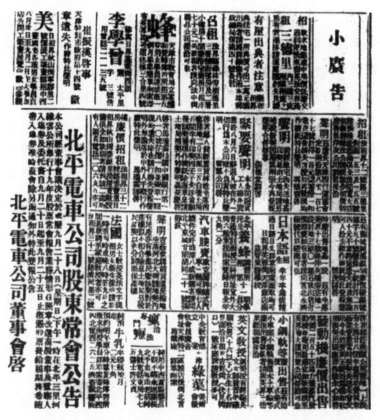

图4－5　1930年9月1日《大公报》（天津）"小广告"一览

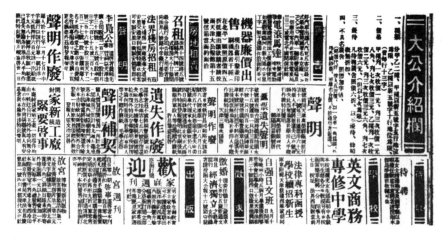

图4-6　1931年9月1日《大公报》（天津）"大公介绍栏"一览

　　再将上文所提及的《申报》的《本埠增刊》与《大公报》的《本市附刊》（天津、北平两地发行）和《本市增刊》（沪、杭、宁发行）对比一下，来审视两报的商业性。无论是"增刊"还是"附刊"，其目的都是"为便利本埠商业界之委登广告"，[①]即招徕本市广告，是对全国版广告的延伸和补充。鉴于《申报》与《大公报》均是面向全国发行的，刊布在全国版上的广告费用要高些，而对于很多以本市读者为受众的，如前文所述的"大减价"一类的广告，即使刊在全国版上，实际上大多还是针对本市市民的。因此，此类广告都刊在地方版上，由分馆编排，在当地发稿排版，不仅针对性强，而且收费低廉，对本地的广告主来说很合算。两份报纸地方版的商业气息都很浓，但由于办报思想的不同，在版面的安排上也不尽相同。笔者对1932—1934年两份报纸在这一版上新闻信息的分配比例进行了统计，结果如下（见表4-5—表4-7，各表均以每年9月1日作为统计样本）。

---

　　① 张竹平：《余所纪念于此纪念日昔》，《申报》1928年11月29日。

表 4 - 5　1932 年《申报》《大公报》地方版新闻信息
分配比例的抽样统计

	《申报》	《大公报》
该版总版面数（个）	10	2
新闻信息条数（条）	7	12
新闻信息所占版面比重（%）	10	25

表 4 - 6　1933 年《申报》《大公报》地方版新闻信息
分配比例的抽样统计

	《申报》	《大公报》
该版总版面数（个）	10	2
新闻信息条数（条）	7	10
新闻信息所占版面比重（%）	5	33

表 4 - 7　1934 年《申报》《大公报》地方版新闻信息
分配比例的抽样统计

	《申报》	《大公报》
该版总版面数（个）	12	2
新闻信息条数（条）	7	13
新闻信息所占版面比重（%）	4	25

通过表 4 - 5、表 4 - 6 和表 4 - 7 对新闻信息所占地方版版面比重的统计可以发现，《申报》地方版较之《大公报》的商业气息更浓。作为一份营利性报纸，《申报》更重视利润和市场价值。相形之下，《大公报》"是文人论政的机关，不是实业机关"，"虽按着商业经营，而仍能保持文人论政的本来面目"。[①] 即使是为了招徕本市广告而设置的有较浓商业色彩的《本市附刊》也向新闻靠拢。虽不刊登一般的新闻报道，但也不是全版都登广告，而是刊登着有关电影、戏剧、音乐的消息和评论以及木刻和书报介绍等，还一度刊发工业方面的文章，

---

① 《大公报》（重庆）1941 年 5 月 15 日。

配以"征稿启事",以便读者寄送有进步意义的作品。这些可读性材料与其"以受众为中心"的编辑方针一脉相承,在广告经营中兼顾报纸所应尽之责,是文人办报思想的体现。

新记公司入主《大公报》之时,正是以报纸为主体的现代大众传媒获得空前发展之时,各报的广告活动让人应接不暇。民族工商业的广告数量与一直热衷于广告宣传的舶来品的刊载量不相上下,甚为热闹。在不断增加的《大公报》广告中,值得注意也深感欣慰的是,为国货做宣传的爱国广告的数量及其在广告中所占的比重也是不断增长的。《大公报》一直期望能够把国人潜在的民族意识和爱国精神激发出来,进而推动中国复兴的重大转机的出现,所以连广告也不失时机地宣传国货,强调国家意识和民族精神。在《大公报》广告标题中,处处可见"最近流行之国货隽品""不吸烟最好,吸烟请吸国货""本产品制造与销售皆华人""大爱国主义之真精神"等字样。细观广告正文也可发现,有的倡导为国货争光,与舶来品相抗衡;有的通过比较说明国货比舶来品更为物美价廉,为舶来品的劲敌;还有的呼吁国人不要购买洋货使银子外流以挽回漏卮。在此期间,《申报》的爱国广告也获得了广阔的发展空间,亦呈现出鲜明的特色。也可以根据两份报纸爱国广告刊布数量及比重的异同,对两报的商业性进行剖析(见表4-8—表4-10,各表均以每年9月作为统计样本)。

表4-8 1926年《申报》《大公报》爱国广告数量的抽样统计

单位:条,%

	《申报》	《大公报》
爱国广告条数	267	98
舶来品广告条数	548	69
总条数	815	167
爱国广告所占比重	33	59

表 4 – 9　1927 年《申报》《大公报》爱国广告数量的抽样统计

单位：条，%

	《申报》	《大公报》
爱国广告条数	308	123
舶来品广告条数	752	81
总条数	1060	204
爱国广告所占比重	29	60

表 4 – 10　1928 年《申报》《大公报》爱国广告数量的抽样统计

单位：条，%

	《申报》	《大公报》
爱国广告条数	319	198
舶来品广告条数	663	114
总条数	982	312
爱国广告所占比重	32	63

　　从表 4 – 8—表 4 – 10 的统计中，可以看出两报在爱国广告刊布上的不同特色。从爱国广告所占的比重来看，《大公报》较《申报》要大一些。以 1926 年 9 月 1 日《大公报》为例，爱国广告共有 8 条，占报纸广告版面的 1/6 左右；而《申报》则有 4 条，约占报纸广告版面的 1/12。与此同时，《申报》的舶来品广告达 14 条，约占报纸广告版面的 1/5。《申报》这种爱国广告和舶来品广告所占版面的不平衡可以解释为，一开始其固守保守的政治立场，是纯粹的营利性报纸，直到九一八事变后才转向爱国进步的立场，故而在刊布舶来品广告时，不会过多地站在民族立场上加以筛选，可以说是来者不拒。为了顾及统计的全面性，笔者将九一八事变后两报爱国广告的数量再次进行抽样统计（见表 4 – 11—表 4 – 13，各表均以每年 9 月作为统计样本）。

表 4 – 11　1932 年《申报》《大公报》爱国广告数量的抽样统计

单位：条，%

	《申报》	《大公报》
爱国广告条数	301	142
舶来品广告条数	469	99
总条数	770	241
爱国广告所占比重	39	59

表 4 – 12　1933 年《申报》《大公报》爱国广告数量的抽样统计

单位：条，%

	《申报》	《大公报》
爱国广告条数	271	159
舶来品广告条数	420	94
总条数	691	253
爱国广告所占比重	39	63

表 4 – 13　1934 年《申报》《大公报》爱国广告数量的抽样统计

单位：条，%

	《申报》	《大公报》
爱国广告条数	298	138
舶来品广告条数	411	105
总条数	709	243
爱国广告所占比重	42	57

通过表 4 – 11—表 4 – 13 的统计可以看到，在爱国广告所占的比重上，《大公报》仍较《申报》要大一些。当遇到政治立场与报纸的商业性相冲突时，一份报纸该如何抉择？隐藏在爱国广告背后的更深层次原因值得探究。报纸的爱国广告和评论与新闻报道的爱国政见和主张一样，都是站在民族的立场，均反映办报思想，只是策略和方法存在差异而已。与新闻报道一样，爱国广告也可以广泛、深入、直接地强调国家意识和民族精神。在《大公报》上这些号召国人行动起来购买国货、与舶来品相抗衡、挽回漏卮的爱国广告的背后，是倡导抗

日救国大业，传播抗日救国思想，激励国人的爱国热情和抗战斗志，与国家休戚与共的爱国精神。

1920 年，在国货与舶来品的斗争中，《大公报》的立场是很鲜明的。正像其社评"笔锋带有感情"一样，《大公报》在广告经营上也不乏爱国情怀。从表面来看，《大公报》在某种程度上拒登舶来品广告的这种做法有违背传播规律之嫌。但实际上，一份报纸不可能不带有它所处社会的特征，处于当时特定的社会历史条件下，国人有义务挺身而出维护本国的利益，提高民族商品的竞争力。正如张季鸾所说："国且不国，吾人安有中立袖手之余地？"① 相比之下，当时还不是民族报纸的《申报》则更看重商业利益。可以说，它为国货与舶来品的激烈竞争提供了一个平台。当时中国民族工业与外商的竞争是颇为激烈的，在《申报》上国货广告和舶来品广告短兵相接，相互角逐。拿香烟为例，不管是生产国货的南洋兄弟烟草公司，还是由英美 6 家烟厂设立的英美烟公司，都将《申报》视为一个吸引顾客、促进商品销售、提高竞争力的平台。在《申报》上不仅可以看到大量国货广告，也可看到舶来品全方位、不同角度地在中国辐射式扩展业务的踪迹。舶来品为了弱化抵制外货运动对其在华经营的影响，有时会以"中国制造"的字样来伪装自身，有时将"系某国制造"隐去，有时改为"驻华某国××公司"。变换广告表现手法，以瓷器、山水等中国文化元素设计插图，或借助公益广告提升自身形象的情况也很常见。

九一八事变后，《申报》转变政治立场，成为民族报纸。虽然站在了爱国进步的立场上，但其广告中仍有大量舶来品的影子。在舆论上，《申报》代表进步力量，这一点是无可置疑的。但为了业务上的革新，它没有完全放弃舶来品广告这部分经济来源，又折射出其在政治上的犹豫和观望。这似乎在某种程度上沿袭了其在国难前以政治立场的谨慎、保守换取营业和业务发展的经营方针。在政治立场与经济

---

① 《大公报》（天津）1926 年 9 月 1 日。

利益发生冲突时，一份民族报纸既要表明态度又要顾及利润，《申报》在扮演这种双重角色时陷入了两难境地。

1934 年，《大公报》在社评中多次对白银外流加以剖析，认为外国商品的大量输入是重要原因之一，号召国人付诸行动，"消极地在衣食住不用外资，以保持一般人民生活最后之根据"。[①] 这与其爱国广告相得益彰。从 1926 年中国根泰厂的"真真国产"、1929 年中华丽群公司"完全国货"的丽容牌化妆品、1935 年"国货无敌牌香皂"，到 1936 年正中书局的图书"全部用国产纸张印刷"，[②] 再到"抵羊牌"毛线，无一不体现了其放弃外商广告所带来的经济利益，而与国家命运连在一起的坚定立场。

之所以有人对《大公报》持否定和批判态度，是因为他们认为"《大公报》交的是国难运！它不逢'九一八'，哪能交进那一步红运？"[③]《大公报》的确是在国难时表现出毫不动摇的御敌决心而在报界脱颖而出的。特定的历史时刻更能检视一份报纸的办报思想、编辑方针和经营方针，正像报人所说："有朝一日，如果美国也像中国一般，遭逢国难，美国就不可能有一张像是《大公报》的报纸。"[④] 从爱国广告这一层面检视《大公报》，可以看到不管是 1920 年，还是 1930 年，爱国思想始终是贯穿其中的一条主线。《大公报》有着强烈且坚定的忧国忧民之心，即使它失去了一定的经济利润，也不曾发生动摇。上述爱国广告是知识分子爱国忧民之心融入办报思想的一种表现。

第二节　公共服务意识观照

胡政之曾说："大凡是一个好的报纸一定愿意为人民说点公道话，

---

① 《大公报》（天津）1934 年 10 月 13 日。
② 《大公报》（天津）1936 年 1 月 31 日。
③ 程沧波：《我所认识的张季鸾先生》，《传记文学》第 30 卷第 6 期，1977 年，第 13 页。
④ 梁厚甫：《美国人怎样看大公报》，周雨主编《大公报人忆旧》，第 329 页。

为社会鸣不平。"① 为公众利益服务是报纸的最终办报目的，这种服务
首先体现在报纸所传播的新闻上，其次还体现在所刊布的广告上。
"以受众为中心"，以公众利益为最高准则是贯穿于《大公报》办报始
终的一条主线，这不仅反映在新闻报道上，在广告中也能看出其在力
所能及的范围内为社会提供服务，以期使社会更臻于合理和完善的
思想。

当时，7 月至 10 月频发天灾，20 世纪 30 年代，除 1936 年外，其
他各年份均是灾荒不断。大公报馆专门成立了"大公报救灾委员会"，
除身体力行赈济灾民以外，还呼吁和感召社会各界为灾民踊跃解囊。
社评、消息对灾情的翔实报道，与号召社会各界捐款捐物、组建"救
灾电影会"、刊发"救灾征文启事"、宣传各界慈善家助赈善举的公益
广告相得益彰，引起了社会各界的共鸣。如 1931 年全国各省遭遇水
灾，《大公报》在头版刊登广告，呼吁各界人士积极捐款救灾："今日
敬乞各界赞助'我们的救灾日'!!! 本日为大公报馆救灾日，本报除
将本日营业上发行广告两部收入扫数捐出，连同本报同人捐款数目定
于明日公布外，希望各界热心慈善家鉴此微诚，利用今日努力捐赈，
以示赞助。"不仅如此，在其他版面的边栏位置还插入诸如"救命!!
灾民候钱救命!""自己少吃俭用，分给灾区同胞"的广告，一日更新
一次，以期吸引更多人的关注。在公益广告和新闻报道的配合下，社
会各界人士积极响应，捐献钱物，政府速拨赈款，各商号组织赈灾义
卖，使流离失所、嗷嗷待哺的灾民拿到了"救命钱"。当时，无论是
党派报纸，还是商业性报纸，都未曾有一份报纸像《大公报》一样，
每遇天灾都义不容辞地利用新闻报道以外的公益广告，不厌其烦地号
召社会各界参与到救灾善举中。这充分证明，其广告也不乏体察民情、
整合社会的思想。

透过《大公报》的广告还可以看到，其注重知识、传播科学、倡

---

① 胡政之：《作报与看报》，《国闻周报》第 12 卷第 1 期，1935 年 1 月 1 日。

导科学的进步思想为其他同期报纸所不及。1936 年 9 月 1 日《大公报》刊登"本报复刊十周年纪念举办科学及文艺奖金启事"。仿照哥伦比亚大学的办法，分别设立了"大公报科学奖金"和"大公报文艺奖金"，每年评选一次，报馆每年拿出 3000 元，以 1000 元充文艺奖金，2000 元充科学奖金。①

张季鸾、胡政之等大公报人素来提倡科学，重视科学在促进社会进步上发挥的作用。例如，张季鸾在此方面提出了很多独到的见解。他认为报人是社会先导，"今后无论国家命运如何，要须大规模普遍地提倡科学，以进于利用厚生富民强国之途"。②"大公报科学奖金"设立后产生了很大的影响，有力推动了科学知识的普及和科学教育的发展。1937 年 7 月，《大公报》通过"本报科学奖金揭晓"的自我广告公布评选结果。报馆按照科学奖金章程，向学术界征集科学论文，经过科学奖金审查委员会的评阅，共有 6 篇论文入选。数学、化学、动物学、植物学、气象学学科 5 篇论文入选并获得奖金。另有一篇数学学科论文，因为在当年已获得中华教育文化基金会甲种补助金，按照学术奖金给予成例，不另赠予奖金，为荣誉入选。

"大公报的《文艺》对于一般爱好文学的朋友想来已不生疏了。有人说它太老实，然而在这里近于寂寞的老实中，它曾很忠实地担当了一个文艺刊物的责任。"担任"大公报文艺奖金"的评判委员主要是平、沪两地及武汉与刊物关系较密切的作家，有杨振声、朱自清、朱光潜、叶圣陶、巴金、靳以、李健吾、沈从文、林徽因和凌叔华。③1937 年 5 月，《大公报》以广告的形式公布了第一届获奖名单：由文艺奖金审查委员会委员投票推荐作家，其中得全体委员过半数推荐的有曹禺的戏剧《日出》、芦焚的小说《谷》、何其芳的散文《画梦录》。"大公报文艺奖金"是中国文艺奖金的由来，曹禺、芦焚、何其芳都

①　萧乾：《我与大公报（1935 年—1939 年）》，周雨主编《大公报人忆旧》，第 178 页。
②　杜文思：《抗战前夕大公报面向全国发行的设想》，周雨主编《大公报人忆旧》，第 53 页。
③　萧乾：《我与大公报（1935 年—1939 年）》，周雨主编《大公报人忆旧》，第 178 页。

是当时初露锋芒的文坛后起之秀，他们能够获得这份奖项说明《大公报》坚守发现人才、培养人才、奖掖后进的原则，真正发挥了报纸作为"一座桥梁""一个新作品的驮负者"的作用。这也从另一个侧面揭示了《大公报》的广告可以被视为"一座桥梁"。它将设立"大公报科学奖金"和"大公报文艺奖金"的宗旨、评选办法、审查委员会的委员等信息登报公布，鼓励学术界和文艺界同人踊跃参与，积极投稿，后又通过广告将评选结果广而告之，不仅体现了评选的公正公平公开原则，而且推动这些入选的科学论文和文艺作品在全社会发挥示范和革新作用。

关注社会教育、开启民智民风、提高国民文化和知识素质也是为公众服务的表现，《大公报》的自我广告中有相当一部分是开启民智、倡导新风、传播知识、服务读者的内容。《大公报》（上海）创刊后，设立了《大公报》代办部、门市部，代售各书局的图书、代办书刊服务。由于《大公报》广泛的影响力和斐然的声誉，很多书刊委托大公报馆来销售，是故其报纸上频频出现此类自我广告。如 1936 年 9 月 1 日刊登了"《大公报》记者范长江著《中国的西北角》出版"的广告："长江先生所撰西北纪行，自在《大公报》发表以来，获得全国读者之欢迎，纷纷来函要求发售单行本，以便购存。兹特商之作者……加以整理，附刊地图，以资考证，并插入照片多幅，借示风景人物之一斑……关怀国事、留意边防者，不可不人手一篇。"《大公报》代售图书的自我广告带有一定的商业目的，但绝非仅限于以经销图书业务为满足。无论是《苏俄视察记》《中国的西北角》《塞上行》《六十年来中国与日本》《新经济政策》《今传是楼诗话》《古文辞类纂》《季鸾文存》《中国的世界第一》《三毛流浪记》《大公报画刊集萃》《赵望云塞上写生集》《赵望云农村写生集》《大公报小说选》《大公报小丛书》的自我广告，还是商务印书馆、中华书局、世界书局、大东书局的图书广告，都在开启民智、倡导新风、传播真理、救亡图存上发挥了积极作用。照胡政之的话说："堂堂《大公报》岂肯垂青于经销图书的区区回扣！"① 代售图书的自我广告正是张季鸾提出的"现代报业除刊行报纸外，应为社会实际服务，凡社会应倡行之事，报纸宜为其先锋或助手"的最好体现。②

《大公报》对青少年的关心也可在广告中摸出一条线索来。1926年11月2日，吴鼎昌以笔名"前溪"发表了《社会上最大危机——学生无路可走》的社评。两日后，《大公报》头版位置刊登出一则"征求学生出路办法"的自我广告："本报认'学生出路'为现今社会上最大问题（参观本报十一月二日社评）。凡社会上有良好办法见示者，本报亟愿介绍于社会有识者，以资研究。"该广告连续刊发数期。从这一系列"征求学生出路办法"的广告中，可以看出《大公报》对青年一代的关心，希望集思广益，为身处纷乱世事的青年提供中肯的建议。1931年6月26日，一则《少年生活周刊》特告的自我广告见于报端，《少年生活周刊》每星期日刊登一次，专注于各界各地少年生活的稿件，内容包括论著、记载、智囊、杂俎四栏，并对已采纳的稿件给予现金和书报两种稿酬。从《少年生活周刊》的这些自我广告中可以看出，《大公报》激励青少年勤奋上进、奋发图强、励志笃行的先进思想。正所谓"少年志则国志，少年强则国强"。据报人回忆，曾有七八个报童来到大公报馆捐献他们的积蓄，以救助流离失所的难民，张季鸾与他们合影并亲自写了一篇短评，感慨中国的儿童也主动加入支援抗战的行列，说明中华民族是不可侮的。③

与此同时，《大公报》还积极抵抗恶俗广告，引领良好的社会风尚。健康的广告有助于人们形成有益的观念、行为和生活方式；不健康的恶俗广告则会对社会产生负面的影响。表4-14 对《大公报》和《申报》上恶俗广告的数量进行了比较。

---

① 杜文思：《胡、张对大公报研究部的设想》，周雨主编《大公报人忆旧》，第59页。
② 杜文思：《胡、张对大公报研究部的设想》，周雨主编《大公报人忆旧》，第59页。
③ 季崇威：《抗战前后的上海大公报》，周雨主编《大公报人忆旧》，第223页。

表 4 - 14　《申报》《大公报》恶俗广告数量的抽样统计

单位：条

时间	《申报》	《大公报》
1933 年 9 月	210	30
1934 年 9 月	144	43
1935 年 9 月	132	38

《申报》上运用"情""色"进行渲染的广告颇为常见，尤其是在戏剧、医药和化妆品广告中更为明显。如 1933 年 9 月 1 日《申报》的广告中就出现了"猺山艳史，猺女裸浴""胡说——眼快口快手快脚快碰着女人""裸女妙舞"等多则恶俗广告。当时社会纷乱扰攘，获取利润、追逐利益成为商业竞争的信条，导致不加筛选便刊登这些广告的报纸走在贻害社会的危险边缘。《大公报》在力所能及的范围内抵御乌烟瘴气的侵蚀，将公众利益放在比盈利更重要的位置，由此可见一斑。

《大公报》主张报纸应为社会实际服务，这一点在其分类广告的门类和刊费上亦可得到体现。在新记时期，广告版内除一般商业性广告外，"启事""声明""寻人"等社会服务性广告涌现，以分类广告的形式见于报端。分类广告和一般商业性广告虽然都是以获取商业利益为目的的广告形式，但二者之间也存在差异。商业性广告版面较大，总数约占报纸总广告的一大半，广告刊费高。相比之下，分类广告所占版面较小，刊费低，同类信息集中在一起刊载，提供与日常生活起居密切相关的信息，以供读者进行筛选和比较。

《大公报》刊布的分类广告本着为读者服务的精神，多为与日常生活紧密相关的小规模商业信息。其内容可分两种，一种为经营性信息，属于营利性质，如出租、售卖等；另一种为人事信息，具有人事性质，如寻人、寻物、启事等。翻阅《大公报》可见，与读者关系更密切、充满生活气息的人事信息广告呈现激增之势。《申报》也很重视分类广告，它的分类广告也包含经营性信息和人事信息两种，但两个类别所占比重与《大公报》有所区别，现将两报人事信息分类广告所占比重制成表 4 – 15、表 4 – 16、表 4 – 17（以下三表均以每年 9 月 1 日作为样本统计）。

表 4 – 15　1932 年《申报》《大公报》人事分类广告所占比重的抽样统计

单位：条，%

	《申报》	《大公报》
经营性信息条数	71	7
人事信息条数	34	11
总条数	105	18
人事信息所占比重	32	61

表 4 – 16　1933 年《申报》《大公报》人事分类广告所占比重的抽样统计

单位：条，%

	《申报》	《大公报》
经营性信息条数	80	14
人事信息条数	27	8
总条数	107	22
人事信息所占比重	25	36

表 4 – 17　1934 年《申报》《大公报》人事分类广告所占比重的抽样统计

单位：条，%

	《申报》	《大公报》
经营性信息条数	93	19
人事信息条数	33	16
总条数	126	35
人事信息所占比重	26	46

注：各表统计数据以《申报》地方版的"本埠分类广告"和《大公报》地方版"小广告"为准。

《大公报》的分类广告包括面向全国的"大公介绍栏"和仅针对本地的"小广告"，如上海版的"大众经济广告栏"、香港版的"大公经济广告栏"、重庆版的"经济小广告"。表 4 – 15—表 4 – 17 表明，

《大公报》人事广告数量所占的比重较《申报》略高一些，如1933年9月1日《大公报》的"小广告"中，有学校、声明、待聘、征聘、征求、买卖、出版、房屋租赁和杂件共9个门类，其中属于人事信息的声明、待聘、征聘等计8条，约占总数的36%。这些人事信息实际上是"小形之新闻"，实用性强，有助于解决人们的日常问题。《大公报》大量、持续刊登此类广告是为社会实际服务的体现。在刊费上也采取不同的收费标准，人事信息仅按经营性信息的一半收取（前文已累述），这些被称为"一元起码天下皆知""广告经济化合理化之新发轫"的分类广告，与《大公报》"以受众为中心"的编辑方针也是相吻合的。无论是中华职业教育社的招请和求职的启事、大学生求做家庭教师的启事，还是各种聘请人才、求职、寻人的启事，都深受读者的欢迎。[①]

报社是具有双重性质的"公共机构"，它既有营利性的一面，又有公益性的一面，"如车的两轮，失其一便不能前进"。"盖报纸性质，一面应作商业经营，一面则对国家社会有积极的扶助匡道之责任。"[②]本章从商业性和公共服务意识两个方面将《大公报》与其他同期报纸加以比较，来考察它在广告活动上的创新之处。

首先，通过将《大公报》与同期其他报纸的商业性进行对比可以发现，第一，《大公报》"是文人论政的机关，不是实业机关"，"虽按着商业经营，而仍能保持文人论政的本来面目"。即使是为了招徕本市广告而设的有较浓商业色彩的"本市附刊"也向新闻靠拢，与其"以受众为中心"的编辑方针一脉相承，广告经营中兼顾报纸所应尽之责，是文人办报思想的体现。第二，在不断增加的《大公报》广告中，值得注意也颇为欣慰的是，为国货做宣传的爱国广告的数量及其在广告中所占的比重也是不断增长的。在《大公报》上这些号召国人

---

① 姜钟德：《在大公报编副刊的经历》，第189页。
② 张季鸾：《新闻报三十年纪念祝词》，《季鸾文存》下册，大公报馆，1947，附录第4页。

行动起来购买国货、与舶来品相抗衡、挽回漏卮的爱国广告的背后，是倡导抗日救国大业、传播抗日救国思想、激励国人的爱国热情和抗战斗志、与国家休戚与共的爱国精神。

其次，将《大公报》与同期其他报纸的公共服务意识进行观照后可以看到，"以受众为中心"、以公众利益为最高准则是贯穿于《大公报》办报活动的一条主线，在广告中也蕴藏着其在力所能及的范围内为社会服务、促进社会进步的思想。其一，大公报馆专门成立了"大公报救灾委员会"，除身体力行赈济灾民以外，还呼吁和感召社会各界为灾民踊跃解囊。社评、消息对灾情的翔实报道，与号召社会各界捐款捐物、组建"救灾电影会"、刊发"救灾征文启事"、宣传各界慈善家助赈善举的公益广告相得益彰。其二，透过《大公报》的广告，其注重知识、传播科学、倡导科学的进步思想昭昭在目，为纪念复刊十周年而设立的"大公报科学奖金"和"大公报文艺奖金"就是这方面的生动诠释。其三，无论是《大公报画刊集萃》《赵望云塞上写生集》《赵望云农村写生集》《大公报小说选》《大公报小丛书》的自我广告，还是商务印书馆、中华书局、世界书局、大东书局的图书广告，都在开启民智、倡导新风、传播真理、救亡图存方面发挥着积极作用。

与此同时，《大公报》对青少年的关心也可以在广告中摸出一条线索来，在"征求学生出路办法"的启事以及《少年生活周刊》特告的系列广告当中，不乏激励青少年勤奋上进、奋发图强、励志笃行的先进思想。此外，《大公报》还积极抵抗恶俗广告，维护良好的社会风尚，在力所能及的范围内抵御乌烟瘴气的侵蚀，将公众利益放在更重要的位置。

最后，《大公报》大量、持续刊登被称为"小形之新闻"的人事信息分类广告，旨在服务社会，解决人们的日常问题，与其"以受众为中心"的编辑方针也是相吻合的。

从新记《大公报》的广告活动与同时期其他报纸的对比中可以看出，前者"以受众为中心"的编辑方针和强烈的社会责任感为爱国广告、公益广告、社会服务性广告和自我广告提供了广阔的空间和强劲的发展动力。它的广告除起到维系报纸生存和为报纸发展积蓄力量的作用外，还与新闻一样具有教育大众、传播科学、裨益国家和为公众服务等社会服务功能；当广告与公众利益相冲突时，把公众利益放在更重要的位置，孕育着诸多《大公报》特有的广告文化（见表4－18）。《大公报》以公益为目的，以营业为基础，将广告视为一种手段，是报纸事业的物质基础；而公益则是一种目的，是报社作为公共机构的天职，由此可见一斑。

表4－18　《大公报》广告的性质、功能和信条

广告的性质	营利性（或商业性）	事业性
广告的功能	1. 维系报纸生存 独立于党派之外 2. 为报纸发展提供经济基础	1. 教育大众 2. 传播科学 3. 裨益国家 4. 为公众服务
广告的信条	报纸独立，言论不受外界干扰	公众利益＞经济利益

第五章

新记《大公报》广告活动的
历史考察和现实观照

在报学史上，新记《大公报》一直备受关注。有人对它赞誉有加，也有人将其判定为纯粹的民族资产阶级的商业性报纸。可以说，迄今为止对它的评价仍存在误区，这在一定程度上遮蔽了它的真实面目和样态。因此，从新记《大公报》的主要经济来源——广告这一层面展开研究，更深入、更具体地考察其办报思想及"以受众为中心"的编辑方针，具有重要的历史、现实意义。

第一节　新记《大公报》广告活动的历史地位

胡政之认为，中国办报的方法有两种：一种是商业性的，与政治没有联系，且以不问政治为标榜，专从商业经营上打算；另一种是政治性的，自然与政治有了联系，为某党某派做宣传，办报人不将报纸本身当作一种事业，宣传的目的一旦达到，报纸也跟着衰歇了。

自从新记公司接办《大公报》后，便为中国报界开辟了一条新路径。不同于其他同期报纸，《大公报》具有以下几个鲜明的特征。其一，《大公报》是经济独立的商业性报纸，广告是其维生机制。1926

年，由吴鼎昌出资 5 万元收购因营业不振而歇业的旧大公报馆，组成新记《大公报》，除此以外，新记《大公报》没有接受过任何党派的政治津贴，也没有拿过其他资本的贷款资助。"由于有了大量的广告收入，才使报纸以不依赖政党、政府的津贴而维持光荣的独立。"[1] 新记《大公报》三位创始人入主该报后，在广告活动上进行多次改革，使其广告传播具有商业性报纸的特征；关注广告经营，采用当时先进且至今仍被沿用的广告经营管理理念，有意识地将《大公报》作为一种经营实体，将广告收入视为维持报纸生存的重要资金来源和发展所依托的手段。据此可以说，《大公报》自始至终都是"一种在市场上竞争的商品"。

其二，《大公报》又是文人所办的一份报纸，在当时内外交困的形势下，新记《大公报》的创办，体现出三位创始人爱国忧民之心，他们矢志文章报国，主张"新闻救国""言论报国"。中国的知识分子向来崇奉"天下兴亡，匹夫有责""中夜四五叹，常为大国忧""先天下之忧而忧，后天下之乐而乐"，这是中国古代士大夫的传统和精神。在内忧外患、灾难深重的背景下，《大公报》成为爱国报国的先行军是顺理成章的。

其三，《大公报》不仅是文人所办的报纸，更是在经济上自给自足、保证言论独立、不受外来干涉的报纸。这与它一直重视广告这一重要的经济来源有很大关系。胡政之曾指出，《大公报》不同于清末民初的文人办报，也区别于当时沪上那些销量高的报纸。清末民初有不少文人办报，有些文章传诵一时，但在广告活动方面似未得法，故报纸昙花一现，瞬告关门。当时，上海有些报纸很重视广告活动，但忽视了为受众服务。据此，他总结办报经验说，办报要有原则，政治是灵魂，对国家社会提不出主张，起不了作用，光是想赚钱，又有什

---

① 《伦敦泰晤士报史》第 1 版第 1 卷，泰晤士报社，1935，第 20 页。

么意义?①《大公报》正是吸取了这些教训,既要使报纸借助广告而自给,依靠商业经营而独立,又要保持文人论政的本色,与国家和大众的命运连在一起。用张季鸾的话说,"虽按着商业经营,而仍能保持文人论政的面目"。

新记公司接办《大公报》后,提出了著名的"不党,不卖,不私,不盲"(以下简称"四不")办报思想(见图 5 – 1)。这一办报思想主题鲜明,讲求编辑方针和广告经营方针的延伸性与统一性。不仅从《大公报》注重新闻报道上可见"四不"之梗概,在广告活动中也依然秉持着它的宗旨。基于前文的研究,现叙述其概略。

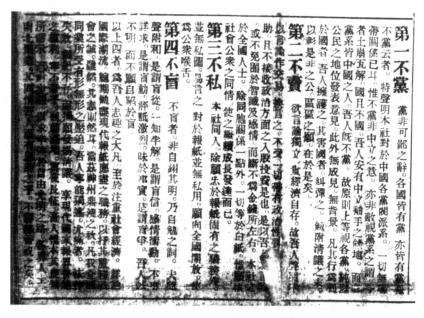

图 5 – 1 新记《大公报》的"四不"办报思想

资料来源:《大公报》(天津)1926 年 9 月 1 日,第 1 版。

所谓广告活动上的"不党",即既要使报纸借助广告而自给,依靠商业经营而独立,又要保持文人论政的本色。"特声明本社对于中国各党阀派系,一切无联带关系已耳……吾人既不党,故原则上等视

---

① 李侠文:《我所认识的张季鸾、胡政之两先生》,周雨主编《大公报人忆旧》,第 268 页。

各党，纯以公民之地位发表意见。此外无成见、无背景。凡其行为利于国者，吾人拥护之；其害国者，纠弹之。"孔子在《论语·述而》中言"君子不党"。当时，国内有一些报纸依附党派势力，滥拉政治关系，靠拿政治津贴过日子，为了达到某种政治目的，趋炎附势，堂而皇之地发表自己的所谓"政见"。与此不同，《大公报》不拿津贴，也不拉政治关系，是依赖广告的赢利来维生的独立民营报纸。《大公报》广告组织机构设置上的规范化、广告经营方式的进步、广告经营策略的革新是推动广告传播发展演进的重要因素。在编、经沟通的组织机构下，利用大公报馆及各个分馆门市承接，广告社、广告公司代理，各地分销处承办以及海外派出站销售等四种广告经营方式，采取具有商业性报纸特征的灵活多样的广告经营策略，可见其冲破资金的桎梏，朝独立办报的方向努力之一斑。正是广告的盈利才使《大公报》能够坚持新闻本位，"为新闻而新闻"，无所偏倚，站在不受约束而又比较超脱的立场上发表言论。吴鼎昌曾说："我们办报是'为新闻而新闻'的……我们办这张报是毫无目标的，如果有目标的话，那就是'为新闻而新闻'，要真正作人民的耳目喉舌。我们并不为了某种利益而办报，更不为了某一个派系而办报，也绝不为某一个个人而办报，我们是为了人民全体利益而办报。"①

所谓广告活动上的"不卖"，即保持独立的报格，不过分依赖广告主，更不受广告主的支配。张季鸾曾说："以卖名为务，往往误了报人应尽之责。"② 当时，在激烈竞争中，鉴于广告对报纸的重要性，一些报馆不大愿意开罪大的广告主。例如，对广告主不利的新闻，报馆往往不会指派记者去采访；即便记者采写了这样的新闻，报馆也往往不予刊发；或者广告主发现某些新闻对其的披露，就会以刊布广告的"名义"相要挟，以终止此类新闻的刊发；等等。如果向广告主伸

① 《大公报》（上海）1949 年 4 月 15 日。
② 李侠文：《我所认识的张季鸾、胡政之两先生》，周雨主编《大公报人忆旧》，第 261 页。

手要钱，必然受其支配，不能自由地发表自己的见解，报纸的言论独立也被广告所扼杀。而《大公报》坚守其传统和信念，"断不为金钱所左右"，即便是广告，也需要"言论公正充实，消息迅速准确，注意经济报道，促进文化事业"，有时甚至须由胡、张亲自定稿。①

张季鸾认为报纸是公众的，不是"我"的，"私的最露骨者是谋私利，这是束身自爱的报人都能避免的"。② 所谓广告活动上的"不私"，即在广告上体察民情、整合社会，凡社会应倡行之事，广告也要为其先锋或助手。当时，西风东渐的影响甚广，张季鸾、胡政之、吴鼎昌三人始终恪守"以受众为中心"、以公众利益为最高准则的编辑方针，重视报纸在抗日救国、民族复兴、社会改革中的作用。当广告与公众利益发生冲突时，《大公报》将公众利益放在更重要的位置，这一点在其广告的公共服务意识上可以寻找出一条线索来。如号召国人购买国货，与舶来品相抗衡，挽回漏卮的爱国广告涌现在《大公报》上；通过公益广告呼吁社会各界为灾民踊跃解囊，宣传各界慈善家助赈善举，征集记载灾害实况的文字照片及检讨防灾问题的论著；持续刊登各大书局开启民智、倡导新风的图书广告，频繁刊发饱含励志笃行、救亡图存精神的大公报馆系列小说选、丛书、集萃、写生集的自我广告；有助于解决读者日常生活问题的"启事""声明""寻人"等被称为"小形之新闻"的社会服务性广告也频频见诸报端。这些爱国广告、公益广告、社会服务性广告和自我广告蕴藏着其倡导科学、传播真理、服务社会、关心青少年、抵抗恶俗广告、促进社会进步的思想，充分体现了"不私"这一宗旨。

所谓广告活动上的"盲"，即"夫随声附和，是谓盲从；昧于事实，是谓盲争。吾人诚不明，而不愿自陷于盲"。那时，报界新秀辈出，广告给报纸生存提供了经济保障，因此争夺广告之激烈程度是不

① 杜文思：《胡、张对大公报研究部的设想》，周雨主编《大公报人忆旧》，第59页。
② 李侠文：《我所认识的张季鸾、胡政之两先生》，周雨主编《大公报人忆旧》，第261页。

亚于争夺新闻的。很多报纸过于强调商业性，看重广告所能带来的经济利益，导致报纸版面被五花八门的广告所占据，大部分新闻信息要翻到第十几版后才真正出现，为提高注目率还时不时地将广告插进新闻报道文章中，忽视了广告资源开发的"度"。与之相比，《大公报》并没有随波逐流，根据抽样统计的结果，其广告版面平均占报纸总版面（含本市附刊）的50%左右，在主要新闻报道版面之前的广告版约为2版，把持着广告刊布的"度"，没有为了获取广告的经济利益而削弱报纸作为"新闻纸"的功能。

本书以新记《大公报》广告传播活动为中心展开研究，发现广告活动上的"四不"颇有见地，是《大公报》作为民间报纸获得成功的原因，它体现了报纸的经营方针与办报思想的一致性，是中国文人试图在报纸的商业性和"以受众为中心"的编辑方针中找到一种平衡的有益尝试。《大公报》在其办报思想及"以受众为中心"的编辑方针指导下，讲述着独具特色的中国故事。像这样一份由文人所创办的报纸在国外是没有的。18—19世纪，在美国的农村，也出现过文人（主要办报人是牧师）创办的报纸，但昙花一现。在城市里，文人创办的报纸，不是关门，就是与商人合伙，遮蔽其文人办报的本质。① "有朝一日，如果美国也像中国一般，遭逢国难，美国就不可能有一张像是《大公报》的报纸。"② 且相对于同时期的整个中国报纸广告界，《大公报》的广告活动体现了一般商业性报纸所没有的为公众服务的责任感和使命感，也具有一定的先锋意义。因此可以说新记《大公报》的广告活动具有独特的价值，很多方面仍为当代媒体所不及。

第二节　重温《大公报》，反思当代媒体广告

综观《大公报》的发展历程可以发现，符合传播规律的广告活动

---

① 梁厚甫：《美国人怎样看大公报》，周雨主编《大公报人忆旧》，第329页。
② 梁厚甫：《美国人怎样看大公报》，周雨主编《大公报人忆旧》，第329页。

是这份报纸得以长久存在的重要原因。历经一个世纪，中国的媒介生态系统今非昔比，媒体的广告市场格局发生了深刻改变。一方面，新记《大公报》的广告传播特征和广告经营特点具有所处时代的鲜明特征，正如大公报人所言，"大公报应与中国历史共存"；[①] 另一方面，从时下看，广告仍是媒体维系生存的重要经济来源，伴随着传媒市场化，媒体的广告经营方针与编辑方针彼此间不协调，甚至发生冲突的现象时常发生。与《大公报》一样，作为灵魂的新闻与作为生命线的广告之间的冲突是当代媒体所面临和必须回应的一个重要问题。目前，在我们着眼于探讨报纸、电视、广播、互联网、传统和数字户外媒体的广告营销路径和策略的同时，亟须对这一突出问题进行理性审视。因此，笔者认为，《大公报》作为在广告传播和广告经营上的成功个案，其提出的经营方针和编辑方针对于当代媒体广告的传播与经营仍有深远的借鉴意义。

一 对广告控制的反思

为了适应媒体广告市场发展的需要，也为了应对当下媒体广告投放量下滑的挑战，无论是传统媒体，还是新媒体，都倾向于采取全媒体整合营销的策略，全方位地进行广告招商，其中比较典型的做法有五点。其一，媒体主动举办招商会，邀请各企事业单位参加，由记者或主持人分享其推广某些商品和品牌的成功案例，进而招揽广告业务。其二，媒体凭借自己的声誉度和权威性，通过举办或承办会议、展会、研讨会等形式，为广告商品进行宣介。其三，通过台词表述、道具应用、角色扮演、场景设置等方式将广告商品嵌入到电影、电视剧和综艺节目中，以增强广告营销效果。其四，媒体为广告商品量身定制"综艺内嵌带货""定制带货综艺"，或者与电商平台合作举办"双11""618"等直播带货晚会，提高广告的转化率。其五，媒体还可以与某

---

① 梁厚甫：《美国人怎样看大公报》，周雨主编《大公报人忆旧》，第 329 页。

些产业签署跨界合作协议，获得承揽这些产业广告业务的特权。

媒体采取这些新兴的广告经营模式招揽广告主、增加收入来源是必要的，但新兴广告经营模式下的深度合作也使广告主和媒体之间的利益关系愈来愈密不可分。在此情况下，如果某商品在一家媒体有着大量广告投入，那么关于该商品及所隶属的企业商家的负面新闻报道是否还会出现这家媒体上呢？

凭借这些深度合作，广告客户有可能买断媒体的观点。即便是再详尽、再有说服力的新闻报道，只要有大拂广告客户的逆鳞的可能，便不会被刊用。媒体往往宁可漏报几条新闻，也不愿失去广告所带来的营收。另外，一些媒体不甘处于被广告客户选择的地位，主动出击寻找那些有实力且未在自己媒体刊登广告的企业商家的软肋。消息得来后予以发表，或派记者借深入采访之名，向企业商家透露此事，这样企业商家会自然而然地找上门来，与媒体协商对双方都有利的解决办法，广告收入也就随之而来。同时，有些记者还会将与所跑战线的长期采访关系，转化为招揽广告的便利条件，"兼职"充当着广告业务员的角色，记者"违规"招揽广告的现象也不在少数。

吸纳广告以增加媒体收入本无可厚非，然而一旦其与作为社会公器的媒体的功能相抵牾，那么就值得商榷了。大公报人一直秉承着"断不为金钱所左右"的信念和传统，这表现在新闻报道上，即采访报道必须忠实于事实，凡确是事实，就不怕得罪人；[①] 体现在广告传播上，即广告也应不负于读者，要"言论公正充实，消息迅速准确，注意经济报道，促进文化事业"。[②] 由此可见，忠于事实、观点独立是《大公报》的新闻和广告追求的共同目标。媒体是社会公器，广告就如同一个硬币的两面，它曾使近代报纸媒体从被政党豢养走向独立，但也可能在如今的语境下不知不觉地控制媒体的观点，扼杀媒体观点

---

① 季崇威：《抗战前后的上海大公报》，周雨主编《大公报人忆旧》，第228页。
② 杜文思：《胡、张对大公报研究部的设想》，周雨主编《大公报人忆旧》，第59页。

的"独立"。

二　对报纸兼营广告公司的警醒

如前文所述，作为广告经营方式之一的"广告代理制"是《大公报》广告数量激增的重要原因，这些独立于大公报馆之外的私营广告社（或广告公司），简化了报馆招揽广告的工作手续，精简了报馆的广告组织机构。同时，广告社承揽广告有助于减轻报馆广告课设计、绘制广告的负担，增强报纸版面的视觉传播效果。

与此不同的是，如今的媒体有着兼营自己广告公司的特权。依照规定，在广告活动中，广告客户、广告公司和媒体三者之间应形成一种制衡关系，兼营广告业务的媒体须通过有相关经营资格的广告公司代理，才能发布广告（分类广告除外）。而且，媒体下属广告公司的人员、广告活动应与该媒体广告部门脱离，不可凭借特权垄断该媒体的广告业务。但实际上，媒体兼营的广告公司与媒体存在紧密的联系，它们大多是媒体的内设机构，甚至其广告经营还拘于媒体和广告客户直接交易的门市承接方式。在这一过程中，广告公司的中介作用并未得到发挥，广告客户、广告公司和媒体三者之间的制衡关系也未能真正建立。

从长期来看，媒体凭借特权垄断广告业务，对媒体、广告客户双方均会产生不利的影响。其一，有一些媒体为了迎合广告客户，将广告以"新闻"的形式纳入消息或通讯、特写一类的新闻报道之中，来求得以广告形式发布所不能获得的效果，这些"有偿新闻"和"广告新闻"模糊了新闻与广告的边界，破坏了新闻报道的"新闻性"，同时对媒体的公信力和声誉度也会造成不良影响。其二，对于广告主来说，之所以采用"有偿新闻"和"广告新闻"的形式，无非期望增强广告投放的效果。但受众随着对这两种形式的熟谙，提高了对它们的辨别能力。受众在对刊布"有偿新闻"和"广告新闻"的媒体产生不信任感的同时，也难以移情至它们所推广的商品或服务上，广告主虽煞费苦心，却难以收到预期效果。其三，媒体凭借特权垄断广告业务，可能导致广告主所支付的金额与实际交易金额不符，其中的差额即作为佣金奖励那些为媒体带来了广告收入的人，由此产生的广告回扣等非透明商业行为和不正当竞争行为破坏了媒体广告行业的公正竞争。

在新记《大公报》时期，新中国广告社、大陆广告公司、杨本贤广告公司、现代广告社、天津良友美术公司等广告公司之间展开了激烈的广告价格竞争、报纸版面地位竞争和广告辐射面竞争，这有利于整个广告市场的良性发展。"自环者谓之私"，《大公报》的广告代理制对今天的借鉴意义在于，媒体不应为了牟取私利，兼营广告公司，垄断广告业务。广告公司的竞争对象不应该是媒体内设或附属的、具有特权的广告公司，而应是与其处于同等地位的同行业者。广告经营者和广告发布者平等地参与到媒体广告活动中，能够为媒体广告市场的公平竞争创造良好的条件与环境，维护和促进其健康发展。

三　对报纸广告比例失衡的启示

通过对比《大公报》与同时期的《申报》和《生活》周刊的广告资源与新闻信息资源的比例，可以看到在报纸广告市场的激烈竞争中，《大公报》既重视广告资源的开发，又把持着广告资源开发的"度"，没有随波逐流，更没有为了获取广告的经济利益而破坏报纸作为"新闻纸"的功能。这一点与《生活》周刊和《申报》都是不同的。

从时下看，有一些媒体盲目追求广告带来的营收，不顾及受众的接受心理。拿报纸来说，报纸的新闻与广告的常见比例有7∶3、6∶4或5∶5，甚至有的新闻版面已经明显少于广告版面。有的报纸为了强化广告对读者的视觉冲击力，将广告穿插在新闻版面里，虽然广告得以凸显，但新闻内容却被弱化。也有一些报纸被广告占据了大部分的版面，压缩与限制了新闻的内容和版面，报纸的可读性也随之降低。

此外，还有一些报纸的广告权重已明显高于新闻，报纸的版面先交由广告部来定夺和分配，在其确定广告所占版面位置之后，剩余的版面再交给编辑部来安排新闻内容。

就媒体当中具有代表性的卫视而言，它既是新闻媒体，也是电视剧和综艺节目的播放载体，且后者占据电视台营收的 70% 以上。广告作为电视剧如影随形的附属品，常以不同形式出现在电视剧的剧前、剧中和剧后。例如，在片头大批量叠加堆砌各式各样的广告，为了压缩时间以容纳和承载更多的广告，片尾则采用快进快放的方式。在播放过程中插播广告，有的按照固定的时间间隔插入广告，有的则在剧情进展的关键点嵌入断剧广告。同时，为了增加广告商品对受众的吸引力，有些电视剧在制作和拍摄过程中，会将商品植入到剧情当中，或者剧情的脉络与逻辑是围绕广告商品而展开的，或者演员以口播的形式推介和强调广告商品的名称，还有的将广告商品作为剧中的一个道具或一个场景，运用特写镜头加以凸显。

对于什么才是适当的广告比例，媒体本身、广告主和受众会给出不同的回答。同时，不同的媒体、不同的广告主以及不同的受众群对此也会持相异的观点。但可以肯定的是，广告比例是否恰当也是吸引广告主在一家媒体投放广告的原因之一。如果媒体能够"以受众为中心"，从受众的角度出发，将广告比例控制在适当的程度，不仅受众对其广告的信任度会提高，广告更有说服力，其广告投放的效果转化率也会随之增强。

四 对媒体广告传播和广告经营的启示

《大公报》广告传播和广告经营获得成功的主要原因是经营方针与编辑方针的统一。这主要体现为两个方面，一是采取内容带动发行、发行带动广告的经营策略，二是采用"双轨制"这一沟通编辑部和经理部两个部门的组织机构设置。

第一，《大公报》的内容为读者所乐读，为报纸打开了销路，提高了发行量，销量的激增是吸引广告主纷至沓来刊登广告的重要原因。因此，《大公报》的广告与采编和发行是互为表里、相得益彰的。

从报业经济学的角度来说，采编、广告、发行实际上是三位一体的。编辑方针不仅体现在编辑立场上，还体现在发行、广告方针上；同时，经营方针不仅体现在发行和广告经营上，还应体现在采编活动上。《大公报》的采编、广告、发行三位一体，其编辑方针和经营方针统一于"四不"的办报思想下。从时下看，采编和经营之间的脱节成为摆在媒体面前不可忽视的问题。媒体重视广告带来的营收，将注意力放在广告运营组织架构的重组、广告经营模式的调整以及广告表现形式的优化上。不可否认，这些策略在拓宽媒体广告营销路径、增加媒体广告经营额方面发挥着重要作用。但这些策略要想真正发挥作用又是有条件的，广告是以发行量、收听率、收视率、浏览量、点击率为依托的，而后者又是以内容为前提的。采编、广告、发行之间的三位一体不仅体现为三者之间相辅相成的关系，更体现为三者之间的层层递进，其中最核心的一个环节是采编的内容。

据大公报人回忆，《大公报》尤为强调报纸的内容，在充实、革新报道内容方面做出了许多努力。例如，采访报道必须忠于事实是编辑部的规约，凡确是事实，就不怕得罪人；大公报的社评，分析透彻，笔锋犀利，带有感情，结合当日新闻，敢于批评时政；率先开辟旅行通信，刊登以西北之行为代表的旅行通信、农村调查通信、旅行写生，成为当时报刊的一项创举；等等。这些举措使在1926年续刊时发行不足2000份的《大公报》，到1927年发行量攀升至6000份，抗战期间《大公报》（重庆）发行多达97000份，战争结束后，上海、天津、重庆、香港四版共发行20万份。①

第二，为了适应采编、广告、发行一体化的需要，《大公报》采

① 李清芳：《发行工作40年》，周雨主编《大公报人忆旧》，第42、46页。

取"双轨制"的做法，即报馆的编辑部、经理室除各司其职外，还要不断沟通，经理室的要了解编辑部的情况，编辑部的也要处理经理室的事务。从时下看，媒体的广告部门与编辑部门不仅应加强信息沟通、协调配合，还应注重培养既懂新闻业务又懂经营管理的复合型人才。正如《大公报》的经验所揭示的，由熟悉新闻业务的骨干来担任经理，更能了解编辑工作的需要，能够围绕编辑部的工作开展经营业务。经营部门和编辑部门通过密切配合，能够更充分地开发媒体的广告资源，也有助于遏止"有偿广告"和"新闻广告"等现象。

在广告市场激烈的竞争下，广告市场份额是相对固定且相对有限的，若将目光聚焦于广告营销路径的拓展，往往是在有限的场域内开发有限的资源，其结果更多的是你追我赶的零和博弈。另外，媒体在内容生产上有着更广阔的提升空间和更强劲的发展动力，内容是带动广告发展的根本动因，生产裨益国家、开启民智、倡导新风、服务社会的媒体内容正是作为社会公器的媒体的使命和责任所在。经营部门和编辑部门的相互协作、密切配合，是助力媒体履行这一使命和责任的有力保障。如果媒体的内容生产被广告客户的利益所牵绊，编辑立场受制于广告所带来的经济利益，就与"不卖"格格不入。倘若媒体为了牟取"私利"，兼营广告公司，垄断广告业务，就与"不私"相去甚远。假如媒体随波逐流，亦步亦趋地盲目追逐广告的营收，全然不顾受众的利益，就与"不盲"大相径庭。由此，通过重温《大公报》的广告传播和广告经营特点，能够反思当代媒体广告存在的现实问题，探究《大公报》对媒体广告的启示意义，恢复广告的道德力量，书写更多、更精彩的中国新故事。

结　语

　　《大公报》是一份文人所办的报纸，但又不同于具有鲜明党派性的《循环日报》和《时务报》等其他文人报纸。它是商业性报纸，广告是其维生机制，但致力于为公众服务的办报目的又使其区别于《申报》等其他商业性报纸。本书围绕着报纸的主要经济来源——广告展开研究，梳理了《大公报》从早期的观点报纸到新记时期具有商业性的综合报纸的历时发展演变，并从共时的角度将新记《大公报》与其他同期报纸加以比较，从商业性和公共服务意识两个方面对其广告的创新之处进行爬梳，以一个新的视角考察它是如何在其办报思想及"以受众为中心"的编辑方针指导下，讲述独具特色的中国故事的。可以发现，新记《大公报》广告活动具有独特的价值，其广告活动除具有民营资本的商业性特征外，又是其编辑方针的延续，是中国文人试图在报纸的商业性和"以受众为中心"的编辑方针中找到一种平衡的有益尝试。

　　本书从广告传播活动的视角来审视新记《大公报》的办报思想，从历时的角度分析新记《大公报》的广告传播活动及广告经营特点，从共时的角度将其与其他同期报纸加以比较，并在此基础上，对新记《大公报》广告活动的价值进行历史考察和现实观照，来寻找其广告里蕴藏着的中国故事。表1从广告的角度，将新记《大公报》与其他类型报纸的办报思想加以比较。

表1　新记《大公报》与其他类型报纸办报思想的比较

	党派性报纸	完全"以受众为中心"的报纸	商业性报纸	《大公报》
报纸的任务	为党派宣传	尽社会责任	更多地追求广告所带来的经济利益	既尽社会责任，又追求广告所带来的经济利益
报纸的性质	政治性报纸	事业性报纸	营利性报纸	事业性报纸、营利性报纸

　　比较结果显示，其一，《大公报》经济独立，重视广告传播和广告经营活动，与具有鲜明党派性、拿党派津贴的政治性报纸不同。其二，它视广告传播和广告经营活动为维生机制和手段，这一点又与不重视广告活动，为尽社会责任、为公众服务而在经济上做出无限牺牲的完全"以受众为中心"的事业性报纸不同。其三，它虽然看重广告传播和广告经营活动，但同时也与只顾及商业性以及广告所带来的经济利益，而对为公众服务不以为意的营利性报纸不同。

　　在学术价值层面，本书透过新记《大公报》的广告传播和广告经营活动更全面、深入地探查其办报思想，分析其广告活动中的"不党""不卖""不私""不盲"，有助于挖掘其广告里蕴藏着的中国故事，以及广告传播和广告经营背后蕴藏的中国经验和中国智慧。可以发现，《大公报》以公益为精神，以营业为手段，将广告活动视为一种手段，这是报纸事业的物质基础；而公益则是一种目的，是报社作为公共机构的天职。它在广告活动中的"四不"深刻且具象地绘就了一个个特色鲜明的中国故事，体现了这份报纸在经营方针与办报思想上的一致性，彰显了中国文人试图在报纸的商业性和"以受众为中心"的编辑方针中找到一种平衡的有益尝试。

　　在实践价值层面，本书通过重温《大公报》，体悟故事背后的广告传播之"道"、广告经营之"道"，有助于为当代媒体广告提供经验。如"不卖"有助于防范广告控制，防止广告在不知不觉中蚕食媒体观点的"独立";"不私"有利于为媒体广告市场的公平竞争创造良好的条件与环境，维护和促进媒体广告市场的健康发展；"不盲"可以为一些一味追逐经济利润，亦步亦趋地盲目追逐广告的营收，不顾及受众的利益的媒体起到警示作用。将办报思想所体现的编辑方针和经营方针的一致性固化在媒体管理者的头脑中，固化在传媒组织中，有利于为现实的决策提供参考，从而抵挡媒体广告市场激烈的竞争下，媒体间你追我赶的零和博弈，促使媒体真正履行作为社会公器的使命和责任。

| 附录一 |

《新闻与传播研究》学术研究期刊关于
《大公报》研究的年表

　　本书以较早刊载关于《大公报》研究的两份核心学术期刊《新闻与传播研究》和《新闻大学》为研究对象，考察中国大陆相关研究的基本脉络和研究特点。首先以"大公报"为主题在中国知网上检索，截至 2023 年 6 月，搜集到自 1994 年以来《新闻与传播研究》学术研究期刊上关涉《大公报》的研究 33 篇。需要说明的是，其中既包括以《大公报》这份报纸或其创始人、主持人、报人等作为研究对象的论文，也包括在新闻史料等研究中涉及"大公报"这一关键词及其相关内容的论文。如果将在不同程度上关涉《大公报》的研究剔除在统计之外，会遮蔽一些细致且重要的视角和观点，因此后者也作为梳理本年表过程中遵循的标准之一。为了更好地呈现《新闻与传播研究》这一权威期刊上关于《大公报》的研究成果，本年表对该期刊上自 1994 年至 2023 年 6 月的研究进行了较为全面的梳理，时间跨度近 30 年（见附表 1）。

　　可以发现，就论文数量而言，1991—2000 年，关于《大公报》的论文有 2 篇。2001—2010 年，《大公报》的研究论文数量迅速增加，仅 2002 年一年就达到了 4 篇，2003 年和 2005 年各 2 篇，2007 年 1 篇，

2009 年 2 篇，2010 年 1 篇，共计 12 篇。2011—2020 年这十年间，《大公报》相关研究成果基本上每年呈递增趋势，共计 16 篇。2012 年、2013 年、2014 年各 1 篇，2015 年为 2 篇，2016 年增加为 3 篇，2017年最多，达到了 5 篇，2019 年为 3 篇。2021 年至今，相关研究合计3 篇。

就作者发表论文的数量而言（将署名前后忽略不计），可发现，俞凡 4 篇、吴廷俊 3 篇、王咏梅 3 篇、曾宪明 2 篇、尹韵公 2 篇。

附表 1　《新闻与传播研究》学术研究期刊关于《大公报》研究的年表

序号	发表时间	标题	作者	主要内容
1	1994 年第 2 期	《报人张季鸾先生传》史实考订	吴廷俊	该论文指出，1986 年 12 月北京三联书店出版了徐铸成的《报人张季鸾先生传》，"以一'家'之言，就所知、所闻及长期的亲身感受，为张季鸾的一生作了一个比较完整的亲身描述，对其功力也日就公允的评价，这是很值得赞誉的。同时，这篇论文提出，因作者"年近八旬"，"记忆力也日就衰退"，因而书中所记史实，多有差错，获益非浅，正确者，以讹传讹，因此很有订正之必要，据此对《报人张季鸾先生传》中的史实进行考订
2	1997 年第 2 期	冲突：香港新闻史上两起重大事件	陈昌凤	该论文指出，新中国成立以后，香港新闻业由此而形成了左中右并存的局面。港英当局一方面让左右舆论自由发展，其中或许有以使左右势力互相抵制的用心，同时制定了《刊物管制综合条例》，加强对新闻业的控制。首宗根据条例的案件，是 1952 年"三一事件"中的《大公报》案。此后援引该项案例的案件，是 1967 年"反英抗暴"运动引起的"三报停刊案"。三家报纸成为港英当局制裁对象，各被判停刊半年，主要负责人各被判入狱 3 年
3	2002 年第 2 期	解放初期大陆私营报业消亡过程的历史考察	曾宪明	该论文提出，对于中国的私营报业在全国解放前后逐渐在大陆消亡这个问题，既不能简单地认为是中国共产党"弹压"、"禁止"和"命令"的结果，也不能绝对地说旧有报纸全部"被中共关闭或归并"。从历史的角度分析考察，我们既不否认私营报业的封禁和接管，也必须承认该类报纸的消亡，既有社会政治背景和立场方面的原因，大陆私营报业的消亡，也有历史的和其自身的原因。大陆私营报业在无产阶级政权建立后的消亡是历史的必然

续表

序号	发表时间	标题	作者	主要内容
4	2002 年第 3 期	质疑新记《大公报》的"小骂大帮忙"	周葆华	该论文指出，"小骂大帮忙"长期被用来作为对新记《大公报》所持立场的评价。通过检视《大公报》1926—1949 年的实际表现，不难发现，《大公报》对国共两党的办报思想。它基本坚持了其创刊宣称的"四不主义""小骂大帮忙"的理论来源。本此两点，"小骂大帮忙"不是对于新记《大公报》客观和科学的评价
5	2002 年第 3 期	《大公报》"敢言"传统的思想基础与文化底蕴	吴廷俊、范龙	该论文提出，《大公报》作为我国历史上一份著名的文人报纸，一贯奉行"言论报国"的宗旨，在长期的办报历程中，逐步形成并巩固了个性鲜明的"敢言"传统。这一传统贯穿于《大公报》的整个言论实践之中，成为《大公报》研究的一项重要课题。该论文从"敢言"传统的思想基础与文化底蕴两个方面展开论述，试图勾勒出《大公报》"敢言"传统的基本面貌，为对此问题的深入研究提供一点思路
6	2002 年第 3 期	《大公报》与红军长征落脚点之研究	尹韵公	该论文认为，《大公报》百年历程画册中那段关于《大公报》与红军长征落脚点关系的论述，是完全错误的。其理由是，中央红军根本不可能看到画册上点名的那张《大公报》。通过对前人的回忆和当时交通邮路状况的分析，该论文认为：一是 1935 年 7 月底 8 月初央红军长征落脚点选择帮助最大的，一是《山西日报》；三是其他国民党报纸及其传播物
7	2003 年第 2 期	旧中国民营报人同途殊归现象分析	曾宪明	该论文指出，在旧中国民营报业历史中，至少有三类出身不同的办报人——文人、商人和官人。他们以不同的身份走上了报纸，共同组成了中国民营报业的阵容，从而成为民营报业身前的职业身份各异，办报的出发点和目的商业归宿不同，经营报纸的理念和方法不同，又使他们办报前的最终归宿是：商人大多数是经营利，官人往住自去为官，真正支撑民营报业出身相同职业追求的实现，但却是不同职业的普遍现象。这虽然不是绝对可说文人，和不同职业追求的体现

续表

序号	发表时间	标题	作者	主要内容
8	2003年第2期	为什么不是范长江？	尹韵公	该论文通过分析新旧《大公报》的大量报道，认为范长江不是"第一个公开如实报道红军长征的记者"，论证了为什么范长江不是"第一个公开如实报道红军长征的记者"，认为范长江对红军长征报道的失实原因，主要在于世界观、对我党缺乏了解和采访作风不深入等三方面。对范长江西北采访的第一个目的以及范长江红军长征研究中的一些错误看法
9	2005年第1期	毋忘国耻 大道为公——国初年长沙《大公报》与同期天津《大公报》比较述略	韩爱平	该论文的观点是，20世纪前半叶，中国有两家影响较大的《大公报》，即诞生于1902年的天津《大公报》和诞生于1915年的长沙《大公报》。可是，人们一般只知道天津《大公报》，而不知长沙《大公报》。其实，诞生在社会剧烈动荡中的长沙《大公报》，一诞生便表现出了锐不可当的气势。从内容、办报宗旨、版面安排上都超出了同时期的天津《大公报》。长沙《大公报》的创刊就体现了一种勇气——报人为民请命、言论报国，誓死以赴的勇气。1915年9月，正是袁世凯紧锣密鼓复辟帝制时，它一创刊便高举反对帝制的大旗，以"毋忘国耻""爱国救民"为宗旨，以"贫贱不移，威武不屈"的大无畏气概，与"帝制派"进行了顽强的斗争，受到读者热烈的欢迎
10	2005年第2期	现代中国自由主义新闻思潮的流变	姜红	该论文提出，现代中国的自由主义新闻思潮大致有以下几个阶段：五四时期，自由主义报刊主要在文化启蒙的立场上形成文化自由主义新闻思潮；20世纪20年代，主张报纸按商业化原则运作，在报业经济独立的基础上坚持报纸独立自由的新闻思潮和新闻职业化诉求占了上风；九一八事变至抗日战争时期，自由主义新闻思潮在"救亡"的时代主题中处于低潮；40年代中后期，鼓吹"第三条道路"的政治自由主义与民族主义、个人权利与国家独立的诉求之间发生碰撞，且后者更具有紧迫性和道义优先性，这是自由主义新闻思潮在现代中国失败的重要原因

续表

序号	发表时间	标题	作者	主要内容
11	2007 年第 1 期	1935 年《出版法》修订始末之探讨	张化冰	该论文提出，国民党政府颁布的《出版法》沿用了 69 年，其间经过数次修订。同对 1937 年《出版法》（修正版）的关注程度相比，1935 年国民党政府对该法的修订却被学界忽略。事实上，没有 1935 年的《出版法》（修正版），就设有 1937 年的《出版法》（修正版），这实际上是两次《出版法》相比，国民党 20 世纪 30 年代的《出版法》一次"结果"。同时，和《大清报律》更加严苛，虽然该法在修正过程中也有一些进步之处，但其整体法律精神却是钳制舆论，当时的新闻事业只能是饱受摧残
12	2009 年第 3 期	是经验总结，还是理想追求？——从胡政之入手探悉"四不"方针的来源	王咏梅	该论文提出一个问题，"四不"方针具体是怎样形成的？过去所有相关著作，从未清晰阐释"四不"方针的来源。在 3 位创办本报、胡政之最具代表性。吴鼎昌没有从事新闻业的经历；张季鸾则因坚持反对衰世时段而未受到后人褒奖；而胡政之在主编旧《大公报》时，就被怀疑因反对段祺瑞"有所偏私"，被证明接受安福系的津贴，其办的旧《大公报》《新社会报》，国闻通信社也被认为是安福系的宣传机构。时人和后人对他这样的认识准确吗？该论文尝试着思考和回答这些问题。分析表明："四不"方针是怎样吸取经验和教训的？与吴鼎昌、张季鸾这些主于自身经历的？"四不"方针又是胡政之基于自身经验的妥协方案
13	2009 年第 4 期	新中国成立初期新闻发布活动的历史考察	周庆安、卢朵宝	该论文从制度史的角度，对新中国的地方政府颁布的相关新闻发布管理办法进行了研究，中央人民政府颁布的政治传播学意义。由于新中国成立早期新闻发布的媒体状况比较特殊，文章对相关新闻发布管理办法的框架、内容，新闻发言人角色，以及执行效果都进行了分析，并与 2008 年 5 月份出台的《政府信息公开条例》进行了一定程度的对比研究
14	2010 年第 3 期	试论"文人论政"的流变——以报人的自我期许为中心	朱至刚	该论文试图以知识分子报人对自己社会地位的认知作为观察的切入点，考察近代中国知识分子报人对报业理念的流变脉络及其历史成因。该论文认为，从戊戌时期到 20 世纪 40 年代后期，知识分子报人对自身及其报刊的社会评估，呈现持续下调的趋势，这也是知识分子在社会格局中不断边缘化的现实表现

续表

序号	发表时间	标题	作者	主要内容
15	2012年第4期	也谈新记《大公报》的"不卖"原则——以20万美元官价外汇事件为中心的考察	俞凡	该论文的主要内容为，1945年4月，《大公报》总经理胡政之向蒋介石申请购买20万美元官价外汇。长期以来，学界对于应当如何看待这一事件一直众说纷纭。蒋之所以批准，乃是出于维护双方良好关系的考虑；而胡之所以申请，则是为发展该报战后事业，也是出于自身政治态度的变化。这一事件，与其所标榜的"不卖"原则，存在很大的矛盾。该论文通过对相关史料的辨析认为，这一事件是一次严重的不等价的交易，该报诸多行动中之"关照"，同时也是政府中之考量；而《大公报》在事件前后，对共产党的态度则出现了明显的考量。这一事件，也是出于自身政治态度的变化
16	2013年第5期	试论新记《大公报》与蒋政府之关系——以台北"国史馆"藏"蒋介石档案"为中心的考察	俞凡	该论文提出，新记《大公报》一直是近代史研究的重要材料之一，但长期以来，学界对于该报言论的变化缺乏全面系统的分析。该论文通过对台北"国史馆"所藏之"蒋介石档案"相关内容的分析，并结合《大公报》相关内容的研究表明，《大公报》与蒋介石政府之间，一直存在一种密切的联系与互动。双方内容之间的矛盾最终导致了双方的决裂。这种关系乃是近代中国民营报纸与政府间关系的一个典型。纵观该报23年的历史，随着主持人的变化以及蒋政府各项政策的变化，该报与蒋政府间的关系大致可分为试探、合流、分歧、决裂四个时期
17	2014年第5期	从《大公报·医学周刊》看民国时期现代卫生观念的传播	刘娟	"卫生"一词从古至老中国的养生之道发展为一种现代生活方式，经历了复杂的语义变迁。民国时期医界人士为代表的社会精英和国民政府以建设卫生行政体系和发动"新生活运动"的方式做出过"卫生救国"的尝试，这种自上而下的社会近代化进程。该论文以《大公报·医学周刊》为研究样本，考察其传播内容、传播特点、传播策略以推广客观上促进了医学事业的发展与国民卫生习惯的改良，重写了身体观念在近代中国的改良，从另一角度为中国社会的近代化提供了注脚

续表

序号	发表时间	标题	作者	主要内容
18	2015 年第 1 期	再论新记《大公报》与蒋介石国民政府之关系——以吴鼎昌与蒋介石的交往为中心的考察	俞凡、孙晓丽	新记《大公报》与蒋介石及其所领导的南京国民政府间的关系，一直是新闻史研究领域中颇受关注的话题，但长期以来，对此问题的研究多集中于张季鸾、胡政之、王芸生等人身上，对"三巨头"之一为创业的吴鼎昌在其间的作用，初少有论及。该论文提出，从该报老报人的回忆文章看，吴鼎昌于 1926—1935 年担任《大公报》社长的 10 年间，对于该报言论态度及办报方针都有相当影响；就目前发现的吴鼎昌"蒋介石档案"中材料来看，吴鼎昌于 1932—1935 年，通过《大公报》与蒋介石在许多问题上进行了密切的言论互动，在热河事件、福建事变及华北事变等诸多重大历史事件中利用其言论配合了蒋的政策，这也成为吴鼎昌能以非嫡系身份而迅速"登堂入室"的重要原因
19	2015 年第 8 期	战争、苦难与新闻——试论抗战时期民间报刊的舆论动员	唐小兵	该论文认为，1930—1940 年代，日本对中国的侵略导致民族主义在《大公报》《申报》等民间报刊空间急剧升温。在台儿庄战役、南京大屠杀等事件期间，两家报纸通过消息、通讯、评论等各种方式进行民主主义与人道主义的舆论动员，并形成了一套专业主义的新闻信息写作和传播方式，以达成全民族同仇敌忾的集体心态，最终实现了现代中国报刊空间的新闻事实与评论意见相辅相成的良性循环
20	2016 年第 3 期	清末"官营商报"案研究	李卫华	该论文提出，"官营商报"案是清末报案中非常独特的一个。该案由清理吏省财政之事而起，之后受到江苏诸议局、报界和御史的一致谴责，清廷多次谕商办结束。相关各方在此案中的表现，是观察清末预备立宪时期各方力量的影响及报界政治生态的一个窗口
21	2016 年第 4 期	建国初期报纸行业的公私合营与股息分配	郑宇丹	该论文提出，建国初期的理想路径，在对资本主义工商业进行的社会主义改造中，公私合营作为过渡时期的社会主义改造路线提出之前已转化为公营，仅有 7 份历经公私合营，其中有 3 份报纸才开始公私合营，它受到政治、经济以及国际环境等复杂因素的共同制约。计 72 份私营报纸中，也影响到了对私营报纸的社会主义改造。在建国初期总路线提出，出之前已转化为公营；4 份报纸是在 1953 年才开始公私合营。报纸行业的公私合营总是特殊历史状貌下的媒介管理模式

续表

序号	发表时间	标题	作者	主要内容
22	2016 年第 9 期	《中国的西北角》《塞上行》《动荡中之西北大局》谈起——从版本学研究初探	范东升、周鸣	该论文指出，范长江先生许多作品的"原始版本"并非只有一个，而是有多种不同的版本。如 1937 年的著名时评《动荡中之西北大局》一文，就有上海《大公报》、天津《大公报》和《塞上行》三个不同版本，且彼此之间有明显而重要的差别。但 20 世纪 80 年代以后的再版本以及诸多新闻史研究者都误将上海《大公报》的版本当作了唯一的版本，其实它的再版本非记者原作，却恰是记者原稿被删改最多的一个版本。首次提到红军"长征两万五千里"的文章是范长江的《动荡中之西北大局》原稿，但《大公报》发表该文时将该提法删改掉了
23	2017 年第 2 期	从"四不"到"二不"——探析新记《大公报》办报方针表述改变的背后	王咏梅、刘宪阁	该论文提出，"不党、不卖、不私、不盲"，曾被视为新记《大公报》的立报之本和成功之因，但是后来却变为"不党、不盲"。对此，大公报人在不同时期有着不同的甚至相反的认识。《大公报》是否坚持了"不党、不卖、不盲"方针？新发现的史料表明：新记《大公报》的确接受过政治津贴，也曾拥护过蒋介石和国民党政府。但这并非意味着《大公报》出卖了报格，更不能否认它以国家利益、民族利益作为立论的根本出发点。正是因为坚持这以国家为中心的国民政府立场，新记《大公报》在抗战中提出"国家中心论"，维护以蒋介石为中心的国民政府；也正是因为坚持这一立场，它在抗战后和国民政府逐渐疏离，提出走第三条道路，在香港复刊，最终宣布就是基于对日抗战及随后早期经验的总结。如果说"四不"方针是大公报人基于日抗战后时局的调整，那么"二不"方针就是基于对日抗战及战后时局的调整
24	2017 年第 7 期	职业诉求与政治表达：抗战时期的"九一"记者节	赵建国	该论文提出，为纪念国民政府通令保护新闻记者，1934 年中国新闻界自发确立 9 月 1 日为记者节。全面抗战爆发后，原本影响有限的"九一"记者节，迅速扩大规模，形成固定仪式，并在 1944 年被确定为"国定记者节"。从一个民间职业节日，转变成兼具政治含义、社会功能和职业规范的国定记者节日，为新闻界的职业诉求说与政治诉求提供了一种特殊的时空背景，既迎合改善战时新闻工作的需要，又有利于维护民主、反对独裁和坚持抗战，由此实现新闻与政治的双赢。记者节及其年度盛会，为新闻从业人员借助职业符号和职业话语，表达政治意愿，争取言论自由

续表

序号	发表时间	标题	作者	主要内容
25	2017 年第 8 期	民国时期记者社会网络特征与运作动力	庞慧敏、常媛媛	该论文通过分析民国时期记者社会网络的构成和形态，认为民国时期记者社会网络在情感和理性的双重力量，网络内部体现了泛家族取向，"搭伙"的显著效应。弱联系的强大力量，以及选择机制和社会影响造成的同质现象。而网络内外则形成了区别对待的矛盾态势。在此基础上，探讨了民国时期记者社会网络运作的过程中滋生了一些不良作风，有损记者形象和提高职业化程度的过程中滋生了一些不良作风，对当下记者社会网络构建提出了可供借鉴的经验和启示
26	2017 年第 9 期	《新华日报》《大公报》《中央日报》同题新闻抗日话语分析	肖燕雄、卢晓	该论文提出，抗战时期新闻针对的是同一个事件或现象，因而最能体现不同报纸抗日新闻话语的相同和不同之处。它适合于抗战时期新闻的舆论动员，展现了共同的特点和各自的策略与技巧。其中大多数共性表现和个性内容或做法则取决于报纸的抗战宣传目的
27	2017 年第 11 期	城市与媒介：1936 年《大公报》南迁的文化解读	徐基中、吴廷俊	该论文认为，城市是一种文化形态，影响着栖生于其间的媒介之生长机制及特征。天津是一个政治与传统文化较为浓厚的城市，"文人办报"为取向，"商人办报"。上海是一个商业化的现代大都市，则以"商人办报"为取向。《大公报》在 1936 年设立上海馆，面临如何在海派文化空间中生存的问题。因应城市的不同，沪版在内容、广告、编辑、管理等方面，融入了海派报业的精神元素，与津版有着一定的差异。但上海《大公报》在求变创新的同时，文人论政始终未辍，显示了自身所具有的强大韧性
28	2019 年第 2 期	试析报人在抗战中的角色与作用——以"张季鸾——神尾路线"为中心的考察	俞凡、陈芬	该论文认为，抗战中中日双方的政治接触并行于重大的战争的另外一条重要路线，就中方而言，《大公报》与张季鸾在其中发挥了重要作用。以 1938 年 7—8 月进行的"张季鸾——神尾路线"为例，为把日本大拉到谈判桌前，《大公报》秉持着介石制定的对英对苏"两面运用"的外交方针，频频腾空喊话，日方起初对此并不在意，但当战局变化使得久喊生效大增后，日本才开始考虑重启"和谈"，同时开始注意这种喊话，张又亲赴香港，为将充当"和谈"代表，同时还利用

续表

序号	发表时间	标题	作者	主要内容
29	2019 年第 5 期	新闻专电：传播技术与职业技能——以民国早期为视界	田中初、沈勇	《大公报》，根据蒋的方针及国际局务的变化，频频发言，或对日施压，或对二者在抗战进程中独特的作用，以辅助"和谈"进程，显示了这一事件。民国早期，随着新闻专电也应运而生，新闻传播得到快速发展，利用电报进行信息传递的新闻专电也应运而生。这种作用，体现在电稿撰写、电码编译对新闻采写技能的直接影响和新闻供给增多后对社会美善的间接影响上。熟谙新闻专电业务的从业者，一方面可以致社会美善，另一方面又可以借此获得更多的经济回报。两者看叠加，会助力从业者的"体面感"，加深对从业者的认同。同时，新闻专电所隐含的技术催生了对新闻采写职业技能特征。在此背景下，电报作为一种传播技术而受记者在实践中进一步强化职业技能催生"常识性"技能要求，促使新闻到新闻从业者的青睐也就顺理成章
30	2019 年第 8 期	中国新闻史研究 70 年（1949—2019）	张晓锋、程河清	该论文提出，新中国成立以来，中国新闻史研究取得了前所未有的成就，历经艰难起步、逐步恢复、全面开花、多元拓展四个阶段，为新闻传播学发展奠定了厚实基础。文章通过语义网分析方法，梳理了中国新闻史研究的发展轨迹，关注焦点，勾勒出史学研究波澜壮阔的鲜活图景。在内容层面，个案研究佳作迭出，专题研究精彩纷呈，突破单一政治史、革命史范式，融入了现代化、社会层面，生态学，阅读史等多种方法。多元研究方法的进一步接合，科学理论，史料整理逐步深入，融入了现代化、社会层面，研究范式不断创新，史料整理逐步深入。在方法层面，通史研究独伴随着政府支持逐年增长，未来中国新闻史研究仍将继续突破
31	2021 年第 11 期	全面抗战前夕民营报刊上的左翼文艺宣传：沪版《大公报·戏剧与电影》(1936—1937)	田秋生、王天一	该论文指出，《大公报·戏剧电影人士》是全面抗战前夕左翼文艺阵地，该刊集结左翼戏剧电影人士，"知行合一"，展开宣传，积极开展话语动员，为国防电影与国防戏剧运动鼓与呼，成为办在民营报刊上的"一所进步文艺学校"；另一方面，通过征文活动、创设读者会等，展开传受互动，建构起阅读共同体，为另一方面走向社会行动。通过对该刊的考察，发现左翼影评的构成性，进而揭示其作为"流动的批评实践"的本质

续表

序号	发表时间	标题	作者	主要内容
32	2021 年第 12 期	报道"共产党"——建党前后国内商业报纸关于"共产党"的媒介呈现研究	张振亭、张桂杰	该论文提出，中国共产党创建的 1921 年前后，报刊言论与政治话语相生相伴，成为构筑舆论环境的两翼。以《申报》等 7 份报纸 1271 篇关于"共产党"的报道为基本材料，分析其报道立场和方式，共产党背后的原因，以及中共的突围之道和宣传实践，可发现：国内主要受西洋商业报纸对共产党的报道和呈现较为负面目污名化；究其原因，冤于一手消息源的缺失导致新闻真实由外国新闻机构所定义；这种媒介呈现及由此构成的舆论环境，深刻影响着报纸的认知；对此，中共反其道而行之，创造性地利用商业报纸的特有优势和特定空间积极发声，为共产党正名，增强传播效力，为建党和早期舆论发展营造有利舆论环境
33	2022 年第 8 期	从政治主张到政治共识——抗战末期"联合政府"在国统区的报刊舆论建构	程磊、王咏梅	该论文提出，抗战末期，"联合政府"成为中国政治的主题。既有研究多认为该主张"一经中共提出'即鼓动大后方'，'重庆报道纷纷报道之'"，但这并不符合史实。其稿一面世即遭到重庆当局围堵，相关报道也呈现出时空差异，考察它在国统区突破封锁，赢得共识的过程，可以透视政治共识与报刊舆论的非同步性及复杂互动。通过分析新闻报刊、日记、电文、档案等发现，中共冲破新闻检查获求对接，一时间集合国内外舆论设置的报道框架，使联合政府与民盟的宪政诉求对接，一时间集合报刊相互激荡，"至足眩惑人心"；随着报刊议程与民主运动的紧密呼应，将介石遂以"召开国民大会"应对之，民盟放言"绝难办到"，与中共由"互相讲"转为"协同"，一度"争购不绝"，联盟成为国共报刊揭批曲解联合政府的言行，统战性的主流舆论场及政治合法性，识别此生成，报刊论成引导了社会的观看和表达，为联合政府提供了舆论建构路径丰富了中共中的主流舆论场及政治合法性

《新闻大学》学术研究期刊关于
《大公报》研究的年表

　　同样的，以"大公报"为主题在中国知网上检索获得自 20 世纪 80 年代至 2023 年 6 月关涉《大公报》的研究 33 篇，所遵循的筛选标准与附录 1 年表相一致，时间跨度近 40 年。这里需要说明的是，本年表更多地着眼于学术研究，因而没有将部分关于一般史料的文章纳入筛选范围内。

　　《新闻大学》是新闻与传播学学术研究期刊当中较早刊载《大公报》研究的一份期刊。早在 1982 年该刊上就出现了相关研究，20 世纪 80 年代共有 2 篇。到了 90 年代，该刊关于此类研究的数量增加，十年间共有 4 篇，主要集中在 1994—1995 年和 1997—1998 年这两个时间段。在 2000 年之后，研究数量呈递增之势，十年间出现 13 篇相关研究。其中，2001 年 2 篇，2002 年达到了 5 篇，2003 年 2 篇，2004年、2005 年、2007 年、2008 年各 1 篇，2011—2020 年相关论文合计 12 篇。其中，2011 年、2012 年各 1 篇，2014 年 2 篇，2015—2018 年各 1 篇，2019 年和 2020 年各 2 篇。2021 年以后，已出现了 2 篇。

　　就作者发文数量而言，吴廷俊 3 篇，施喆、靖鸣、郭恩强、江卫东、邓绍根各 2 篇（见附表 2）。

附表 2 《新闻大学》学术研究期刊关于《大公报》研究的年表

序号	发表时间	标题	作者	主要内容
1	1982 年第 5 期	竞争与互助——回忆金仲华与"孤岛"报纸	徐铸成	该论文认为，从早年《大公报》与《星岛日报》的竞争与互助关系中，可以证明报纸之间并非水火不相容。一方面，两家报纸确实是在竞争，比谁办得好，谁更能吸引读者；另一方面，又在互通消息。同样的道理，社会主义报纸要办各家报纸愈办愈好，百花齐放，也完全可以有一些竞争。通过竞争，促使各家报纸愈办愈好
2	1985 年第 11 期	试论新记大公报的报业机制	谢国明	该论文提出，新记《大公报》（1926—1949 年）是旧中国很有影响力的资产阶级报纸。对于它的成功，已有人作过多种评论。该论文试图借鉴现代科学的一些研究方法，把大公报看作一个系统，从这个系统的整体出发，从部分与整体的联系中，揭示大公报的报业机制，探寻其成功的内在原因
3	1994 年第 1 期	天津解放后第一张民营报纸——《进步日报》	邹仆	天津解放后，《进步日报》创刊。该报是在天津《大公报》的基础上建立起来的，是天津解放区唯一的一家民营报纸，也是当时解放区唯一的一家民营报纸。《进步日报》是天津《大公报》的同人原有《大公报》的基础上进行民主改革创办来的，报社内部采取民主管理的体制。该报于 1952 年 12 月 31 日停刊，与上海《大公报》合并，于 1953 年 1 月 1 日起改称《大公报》在天津出版，成为一份以财经、国际宣传为重点的全国性综合类报纸
4	1995 年第 2 期	《大公报》值得研究——《新记大公报史稿》读后	姚福申	该论文提出，由于建国以来长期受极左路线的干扰，学术界对新记《大公报》的评价，难免失之偏颇。吴廷俊同志怀着学者的良心，以事实为准绳，对这一时期的《大公报》进行客观的评说，有批判，有分析，不文过饰非，也不溢美。尽管《大公报》史稿还会有不同的意见，但史稿一书终不失为有见地的一家之言。能对《大公报》的经验和教训作更丰硕、值得我们很好开掘，相信会结合出更深层次的开掘，相信会结合研究作更深层次的学术成果

续表

序号	发表时间	标题	作者	主要内容
5	1997 年第 1 期	重庆谈判期间《大公报》评析	吴廷俊	该论文提出，抗战胜利后，国共两党的最高领导人在重庆举行和平谈判，重庆乃至全国新闻界对此都予以极大关注。不过由于阶级立场和政治态度不同，关注的角度不尽相同。该论文旨在分析《大公报》对"重庆谈判"的态度，通过与国民党中央机关报《中央日报》、共产党机关报《新华日报》相比，显示其民间报纸的内在特征
6	1998 年第 2 期	香港中文报中的中国内地新闻：新闻文本的框架研究	陆晔	该论文提出，香港回归前后，作为香港社会重新建构的一个重要影响因素，香港传媒备受关注。该论文选取了 6 份香港中文报纸的要闻版作为研究对象，旨在对香港中文报纸中文本进行分析，描述香港中文报纸建构新闻的范式和框架，探讨回归以后的香港新闻媒介是否在报道大陆新闻时存在与通常的新闻话语不同的框架结构，以及香港中文报纸建构的新闻话语中"媒介真实"的现状
7	2001 年第 1 期	评王芸生的两次思想转变	马飞孝	1929 年，王芸生因为和张季鸾打笔仗而进入新记《大公报》。从此以后，王芸生便命运便同《大公报》不可分割了。自 1941 年总编张季鸾去世，一直到 1966 年《大公报》停刊。在历史变革中，这位跨越新旧两个时代的报人其思想历程也经历了许多变化
8	2001 年第 2 期	《大公报》儿童专刊的传播观念探析	陈彤旭	该论文提出，《大公报》儿童专刊是近代著名的以儿童为读者对象的副刊。创办于 1927 年，九一八事变爆发后故迫停刊。它采用浅显生动的白话文，以发表儿童自己的作品为主。当时，为儿童提供发表园地的传媒，并不多见，加之其内容切合儿童需要，因而深受欢迎

续表

序号	发表时间	标题	作者	主要内容
9	2002年第1期	建国初期私营报业的社会主义改造	施喆	该论文提出，在新中国成立初期，中共中央对私营报业实行了区别对待的政策：没收官僚反动报纸，保护进步报纸，对中间性的报纸允许登记后继续出版。据1950年3月新闻出版署统计，全国共有报纸336家，其中私营报纸58家（另有公营报纸257家），占总数17%左右，这里面包括解放后准许继续出版的（如《大公报》）、批准恢复出的（如《文汇报》）和新创办的（如《亦报》）。该论文从新中国成立初期私营报业普遍临经营困难，从私营公助到公私合营，公私合营是当时经济形势下的必然选择等三个方面对此进行探讨
10	2002年第2期	萧乾与《大公报》的《文艺》副刊	方勤	该论文指出，在新文学运动中，一些优秀的报纸副刊发挥了重要的作用。《大公报》的《文艺》副刊从创刊起，直至抗战开始培植了一批青年作家，发表了不少作家的处女作，成为名作。《大公报》文艺副刊影响全国——从20世纪30年代的盛况与它历久与它灵魂人物——从1935年至1939年历任津、沪、港版《文艺》主编萧乾的功劳是密不可分的
11	2002年第3期	为《大公报》辩诬——应该摘掉《大公报》"小骂大帮忙"的帽子	方汉奇	该论文提出，"小骂大帮忙"这项十分沉重的政治帽子压存《大公报》头上，已经半个多世纪了，至今还流传于人口。现在是该彻底摘掉这顶帽子的时候了。先说骂，《大公报》对国民党不光是小骂，也有大骂，有时甚至是怒骂，愤写和痛写。《大公报》也骂共产党。这是因为《大公报》是一群标榜文章报国自诩，以文人论政为标榜的知识分子创办起来的报纸，他们以"四不"为办报的方针。如果说国民党两党都写过的话，两写相比，《大公报》骂国民党更多一些，也更经常一些。再说帮忙。《大公报》确实给国民党帮过忙，但要作具体分析，有的忙是帮了，伤害了人民的利益，该认账，也该打板子。有的忙则是该国民党的忙，不当视为帮忙。尤其不能忘记的，《大公报》不仅帮过国民党，也帮过共产党的忙，如果说它对某一个党派有所谓的"大帮忙"的话，就是立即恢复北京《大公报》的出版

续表

序号	发表时间	标题	作者	主要内容
12	2002年第3期	论《大公报》的"敢言"传统	吴廷俊、范龙	该论文提出，2002年6月17日是《大公报》创刊一百周年纪念日。一个世纪的历史，它经历了英敛之（1902—1916）、王郅隆（1916—1925）、新记公司（1926—1949）和新生（1949至今）四个发展时期。百年沧桑，"四时"巨变，但这份报纸始终以"敢言"著称。该论文从"敢言"传统的形成与发展、"敢言"传统的思想基础、"敢言"传统的文化底蕴等三个方面对此展开论述
13	2002年第3期	自由主义职业报刊理念的探寻与游移——张季鸾等新闻思想述评	施喆	该论文指出，回顾20世纪中国新闻史，新记《大公报》（1926—1949）是必须提及的一张报纸。它以"四不主义"确立报纸的风格，是20世纪上半叶中国最有影响的报纸，在1941年获密苏里大学新闻学院最佳外国报纸奖而成为当时中国报纸的翘楚。但对《大公报》的性质，或将《大公报》视作"职业化报刊"的尝试，或将其定性为"文人办报"的典型，提及《大公报》，则不能不提及张季鸾。他对《大公报》的办报理念和实践都产生了深刻的新闻思想，也正是在探索当时《大公报》的办报理念
14	2003年第2期	2002年中国新闻学研究回顾	李良荣、张健	该论文在浏览中国新闻学部分核心期刊的基础上，对2002年中国新闻学研究的焦点、热点及传统新闻学研究、网络新闻学研究、新闻法治研究等进行梳理和探析
15	2003年第4期	中国民营报业托拉斯道路的破灭	刘小燕	该论文提出，中国民营报业诞生于清末的19世纪70年代，兴盛于南京国民政府统治时期的20世纪三四十年代。进入30年代，军阀混战逐渐结束，城市商业经济和社会事业均有明显发展，同业竞争更趋激烈，其特点是：商业报纸发展，独立民营报纸成长壮大，小型报纸发达，国民党党营报纸由创立到繁荣。该论文从民营报业托拉斯发展趋势及解体，民营报业托拉斯破灭的动因分析等几个方面对此展开研究

续表

序号	发表时间	标题	作者	主要内容
16	2004 年第 2 期	沈从文与《大公报·文艺副刊》	李佳佳	提起沈从文，人们往往想到《边城》，想到《湘西》，想到《大公报》。然而沈从文与《大公报》的不解之缘，却较少为人们所同津。特别是《大公报·文艺副刊》的地位——无二的地位。这份周名遐迩的百年大报，特别是《大公报·文艺副刊》文艺编辑、支持沈从文为人们所同津，支持《大公报·文艺副刊》的这段历史
17	2005 年第 2 期	《大公报》与"西安事变"	沈洁	该论文提出，新记《大公报》自 1926 年创刊始，以"四不主义""文人论政"之立场，"公众、国家利益"之主张，"拥蒋反共"之观点誉满全国，其关于"西安事变"同期报道（1936 年 12 月 13 日至 1936 年 12 月 28 日）向来是史家借以支持"拥蒋反共"论点的典型案例之一。通过对《大公报》材料的分析和推究提出，《大公报》报道之所以有着偏离"不党""不私"的表征，既是同人视野局限，观念偏颇使然，又是当时国统区社会形势下的产物，它始终不失独立、爱国的民营报纸的本色
18	2007 年第 4 期	中国报界俱进会与近代报界群体意识的自觉	赵建国	该论文提出，1910 年，中国报界在南京组织了近代中国第一个全国性的报界团体——中国报界俱进会，这个以国人自办报馆为主体的同业组织，致力于民族报业的发展，显示出报界群体扩张的意愿。它的成立大会、北京会议、上海特别大会通过的系列议案，不仅表明报界民初报界群体意识的日益自觉，且体现了其在长会多时间内，中国报界俱进会从联络同仁，维护报业公益，到督促报界进步、守望时政环境，在近代新闻事业史上留下光辉的一页，并展示了近代中国新兴群体的社会生长历程，为探求社会转型时期新兴职业社团与国家政权的互动提供了具体的例证

续表

序号	发表时间	标题	作者	主要内容
19	2008 年第 1 期	历史需要宽容还是需要真实?——关于范长江"新说法"争论的思考	黄春平	该论文提出，近年来研究范长江的成果非常多。据学术期刊网上的数据来源统计，从 20 世纪 80 年代到现在为止，涉及范长江的各类文章已不下 1000 篇。其中有关范长江的新闻采访史经验和历史意义，这方面的成果尤为引人关注。他的西北通讯活动的时代意义和历史影响等相当多，这主要源于尹韵公先生较大的影响力。但范长江先生近年来提出的"新说法"这种"新说法"却至今仍是一桩悬案。曾引起三次公开性较大的学术争鸣。目前对范长江的历史评价问题有不同意见，对不同意见我们应本着实事求是的精神展开讨论。将有助于范长江研究的深入
20	2011 年第 3 期	抗战时期徐铸成在桂林的新闻实践初探	靖鸣、杨晓佼	该论文认为，抗战时期，《大公报》(桂林) 总编辑徐铸成在言论方针上力主自由民主，撰写了大量社评直指国民党政府的政治腐败、物价飞涨、市政建设等敏感问题，并支持报社同人影子冈等在《大公报》刊发"重庆航讯""独立思考"的鲜明风格，是徐铸成新闻自由主义思想最集中的实践体现。徐铸成在《大公报》(桂林) 得以实现，不仅受到了桂林新闻生态的特殊影响，而且还与徐铸成年的求学经历、"独身主义"的报人思想、张季鸾的影响有着密切联系
21	2012 年第 4 期	发现"西北中国"：范长江的视角	张涛甫、项一嶔	该论文指出，20 世纪 30 年代，随着中国"内忧"与"外患"的快速升级，"西北中国"在中国地缘政治快速凸显。精英媒介《大公报》通过媒介的发现与当时政治议程中"西北中国"的发现与当时政治议程中"西北中国"存在关联性。但是，《大公报》对"西北中国"的发现有重新建构中"西北中国"存在关联性。但是，范长江是《大公报》议程设置难得保持难得的独立性，有一定的自主空间。范长江是《大公报》议程设置的首席议者，他的西北报道成就了《大公报》作为精英媒介在定义"西北中国""西北中国"议程过程中的引领者地位

续表

序号	发表时间	标题	作者	主要内容
22	2014年第3期	多元阐释的"话语社群"：《大公报》与当代中国新闻界集体记忆——以2002年《大公报》百年纪念活动为讨论中心	郭恩强	该论文以《大公报》百年诞辰纪念活动为考察对象，分析了各方以此一"热点事件"为中心建构有关《大公报》话语场过程的不同表现。研究发现，与西方新闻界不同的是，中国新闻界在有关的关键事件中并没有形成统一的反思性"阐释性社群"，而只是建构了更为复杂和多元状态的"话语社群"。但中国新闻界在有关自身行业历史、实践理念等话语实践中，会根据媒体性质、自身地位等因素选择合适的话语策略与《大公报》进行勾连或连脱勾，并以此重塑本行业的职业权威和集体记忆。这既体现了中国场域中新闻话语社群形成的复杂与多元，也体现了历史当下史的流动与统一
23	2014年第4期	过渡期《大公报》立场考察——以1949年6月17日—1950年6月26日社评为对象	江卫东、吴廷俊	该论文通过对过渡期《大公报》社评的考察，发现其不再拥有自己独立立场，与《解放日报》立场不同，过渡期《大公报》实际上持有"批评意见"，客人也颇内言说，对主人尽好讨论歌颂能事，即使主人高姿态征求"说之婉转"原则；对外言说识趣，遵循"少说为佳""避重就轻"，以主人爱憎为爱憎，爱主人之所爱，根主人之所根，对主人的敌人则大加挞伐。在此基础上，该论文进一步探讨了该朋友尽量说好话，对主人的敌人则大加挞伐立场形成的原因
24	2015年第4期	建国初期《大公报》新闻批评研究	靖鸣、潘智琦	该论文的主要内容为：新中国成立初期，作为党外报纸，《大公报》响应中共中央号召，积极开展新闻批评。中共中央颁布《中央关于在报纸刊物上展开批评和自我批评的决定》后，《大公报》新闻批评数量激增，并于"三反""五反"运动、清查"胡风反革命集团案"期间形成报道高潮。以报道的数量观照，"党报同级党委"的规定未对它的新闻批评造成影响。与同时期党报相比，《大公报》缺乏党外报纸特有的新闻批评的权力，批评内容亦存在较多局限。此外，《大公报》被赋予其开展政治运动和中央开展新闻工作的权力，未能充分利用，更好地发挥党外报纸应有的支持和帮助中共开展新闻批评和舆论监督的特殊效用

续表

序号	发表时间	标题	作者	主要内容
25	2016 年第 1 期	概念、语境与话语："小骂大帮忙"使用之流变	郭恩强	该论文将"小骂大帮忙"作为新闻传播史中的一个重要概念加以考察。研究发现，从 20 世纪 20 年代初期至 20 世纪 40 年代末期，"小骂大帮忙"经历了特指、转化、延伸为象征，并被运用到至今，该概念经历过从 20 世纪 40 年代末期至 20 世纪 70 年代末期，延伸关系与阶级立场、政治路线斗争与国际关系与斗争等问题的使用过程；从 20 世纪 80 年代开始至今，日常宣传、日常生活等领域获得多元化的概念内涵阐释与重构
26	2017 年第 3 期	范长江离开《大公报》的原因探析	樊亚平	该论文提出，范长江何以离开《大公报》，是新闻史学界一个"公案"。该论文分析范长江本人对此问题的解释和相关当事人与学者的不同说法基础上认为，政治立场虽是范长江离开《大公报》的深层原因，但非直接原因；因上夜班到《大公报》与范长江离季等吵，虽为范长江离开的直接原因，但非唯一原因；范长江离开《大公报》与范长江离季多种因素长期累积，共同作用的结果。政治思想上日益接近共产党，与王芸生等人员的紧张关系，与《大公报》"不党"方针问题上被辞、"戴竹杆"的指控、热衷组织"青记"与《大公报》"不党"方针间的矛盾爆发，遂产生范长江被辞离开《大公报》之结果。因此，范长江离开《大公报》既属偶然，也属必然，是偶然中隐含着必然的一种结果
27	2018 年第 2 期	在"选择"中"新生"——从"理性选择理论"看《大公报》变迁	江卫东	理性选择理论认为，个体或集体行动者在既定目标、资源和境况下，都是按照对己最有利的方式行动或互动。该研究发现，"新生"在《大公报》"从民营到党办"的历史变迁中，新政党权与《大公报》"理性选择"股权结构构发生变化，性质与身份实现根本转换。第一次选择，是在"新生"与"死亡"中选择，新政党是在《大公报》的政策同选择。第二次选择发生在《大公报》严重亏损面临危险之时，《大公报》积极要求公私合营乃至彻底党报以求脱党权上位，同时新政党权采取"旧瓶装新酒"办法以便在新的历史条件下对《大公报》无分利用。然而，两种选择的结果出乎所有人意料，《大公报》从中国大陆彻底消失

续表

序号	发表时间	标题	作者	主要内容
28	2019 年第 3 期	从革命青年到新闻记者：对王芸生早期经历的考察（1919—1929）	王润泽、王雪驹	该论文认为，基于现有叙述，王芸生投身《大公报》之前的早期经历显得模糊不清，新闻史学界对此段经历的研究也比较复杂。这段经历以后的政治态度和职业认同产生了极为重要的影响。1919—1929 年，王芸生置身于五四运动、国民大革命等政治潮流中，历经了国共跨党、脱党、建党等，在时代的风云际会中，他最终选择了在他早期经历中呈"断裂而连续"特点的新闻职业，继而完成了从"五四"新青年到革命青年，最后至新闻记者的职业身份转变
29	2019 年第 11 期	从新名词到关键词：近代以来中国"舆论监督"观念的历史演变	邓绍根	该论文的主要观点为：据迄今掌握的史料，1909 年 12 月 8 日《大公报》社论《现政府任任内阁》最早使用"舆论监督"新名词表达出"运用舆论监督政府机关"的观念。民国时期，"舆论监督"表达出了资产阶级和无产阶级的分野。资产阶级使用"舆论监督"的观念；而无产阶级则使用"舆论监督"表达出"通过群众舆论对权人进行监督，特别是对国家机关、国家工作人员进行监督或不良社会现象开展批评进行监督"的含义。新中国成立后，特别是改革开放以来，随着中国现代化民主政治建设，"舆论监督"一词逐渐超过"报纸批评"呈上升趋势，并于 1987 年至今历次党代表大会报告中，成为当代中国最重要的政治和学术关键词之一。总之，近现代中国历史演变过程，不仅是"舆论监督"从新名词到关键词的发展过程，更是中国特色舆论监督观念的形成及其制度建设过程和"报纸批评"一词在报刊上此消彼长的过程
30	2020 年第 1 期	论民国时期外国驻华记者与中国记者的合作与竞争	路鹏程	该论文认为，民国时期的中外记者在新闻专业层面展开了广泛而深入的合作：协同采写新闻报道、共同抗争新闻审查，合力创办新闻教育，互助共建新闻职业团体，但是当他们在关涉国家民族利益的新闻议题上发生分歧和激烈的博弈时，中外记者的合作则都会强调民族主义至上，并就此展开尖锐的争论和激烈的博弈。中外记者的合作与竞争生动而深刻地反映出，中国报业在融入全球新闻传播过程中艰难地协调着专业主义与民族主义之间错综复杂的关系

续表

序号	发表时间	标题	作者	主要内容
31	2020 年第 7 期	上海三报馆被搜检案的多重关系解读	李秀云、王子姣	1925 年 2 月，上海日本纱厂近 4 万工人罢工。《民国日报》《中华新报》《商报》因刊发工人罢工书，被公共租界工部局告上会审公堂，三报馆被判罚洋，《民国日报》主笔有力于被三报大字被查案，在政府、租界、上海地区间的工人运动以及报案结束后的《出版法》废除运动进行勾连，报界、学界、工运、工商界积极解读《出版法》，揭示三报馆被查案的来龙去脉，展现三报馆被查案因报案多重关系产生的重要影响与意义。租界当局本来把不具有合法性的"印刷附律"与《出版法》作为弹压工人运动的有力手段，但适得其反，对"印刷附律"的使用更激起国人的愤慨。1926 年 1 月 29 日，北京政府在强大的舆论压力下，终于正式废止《出版法》
32	2021 年第 5 期	范长江离职《大公报》原因再探讨	龙伟	该论文提出，范长江离职《大公报》是新闻史学界的一段"公案"。既有研究有"政治出走""人事纠纷""多种原因共同作用"等多种解释，从不同侧面分析了范长江离职的原因，认为范长江的离职应放在特定的时空环境下考察。武汉时间"离职时间""记者群体左转"等角度补充论述。这既是范长江的职业选择，也是其政治选择，范在政治上与中国共产党的日益亲密。范长江离职的表象，进步记者的群体"左转"，种种倾向都表明离职《大公报》是范长江的必然选择
33	2022 年第 4 期	中俄通信社与华俄通信社的新闻活动及其关系考论	邓绍根、游丹怡	中国共产党创建时期的中俄通信社与华俄通信社是两个不同的机构。前者于 1920 年 7 月创办于上海；后者是苏俄国家通讯社的在华分社，总部设在北京。相比于中俄通信社，华俄通信社的存在时间更长，发稿范围更广。两社的稿件内容极为相似，但各有侧重，中俄通信社旨在宣传马克思列宁主义，华俄通信社则是苏俄通讯社对国际新闻在华代言人。两社之间有密切的关系，华俄通信社的创办过程中可能得到了华俄通信社在稿源上是中国共产党第一次利用国际新闻通讯社，向国内宣传了马克思列宁主义，推动了中国共产党的成立

参考文献

白光:《中外早期广告珍藏与评析》,中国广播电视出版社,2003。

陈彤旭:《胡政之:与〈大公报〉一起流芳》,《新闻天地》2001 年第
  10 期。

大公报青年群编辑室编《大公报青年群丛书:我底转变》,棠棣出版
  社,1951。

《大公报一百周年报庆丛书》编委会编《我与大公报》,复旦大学出版
  社,2002。

方汉奇:《为〈大公报〉辨诬——应该摘掉〈大公报〉"小骂大帮忙"
  的帽子》,《新闻大学》2002 年第 3 期。

方汉奇:《新闻史的奇情壮彩》,华文出版社,2000。

方汉奇等《〈大公报〉百年史:1902 - 06 - 17—2002 - 06 - 17》,中国
  人民大学出版社,2004。

方汉奇、张之华主编《中国新闻事业简史》(第 2 版),中国人民大学
  出版社,1995。

方汉奇主编《中国新闻事业通史》,中国人民大学出版社,1996。

戈公振:《中国报学史》,中国新闻出版社,1985。

黄志伟、黄莹:《为世纪代言:中国近代广告》,学林出版社,2004。

贾晓慧:《大公报新论:20 世纪 30 年代大公报与中国现代化》,天津

人民出版社，2002。

宋军：《申报的兴衰》，上海社会科学院出版社，1996。

林升栋：《中国近现代经典广告创意评析：〈申报〉七十七年》，东南大学出版社，2005。

路海东主编《社会心理学》，东北师范大学出版社，2002。

任桐：《徘徊于民本与民主之间：大公报政治改良言论述评（1927—1937）》，三联书店，2004。

唐绪军：《报业经济与报业管理》（第 2 版），新华出版社，2003。

童兵：《比较新闻传播学》（第 1 版），中国人民大学出版社，2002。

王洪祥：《中国现代新闻史》，新华出版社，1997。

王芝琛：《百年沧桑：王芸生与〈大公报〉》，中国工人出版社，2001。

王芝琛：《"大公报号"滑翔机》，《民国春秋》1999 年第 1 期。

王芝琛：《抗战期间〈大公报〉主张"修明政治"、倡导"紧缩政策"、呼吁"清明廉政"》，《新文化史料》2000 年第 1 期。

王芝琛、刘自立：《1949 年以前的大公报》，山东画报出版社，2002。

吴廷俊、范龙：《〈大公报〉"敢言"传统的思想基础与文化底蕴》，《新闻与传播研究》2002 年第 3 期。

吴廷俊、范龙：《论〈大公报〉的"敢言"传统》，《新闻大学》2002 年第 3 期。

吴文虎：《新闻事业经营管理》，高等教育出版社，1999。

萧乾：《鱼饵·论坛·阵地——记〈大公报·文艺〉，1935—1939》，《新文学史料》1979 年第 2 期。

肖乾：《大公报文艺奖金》，《读书》1979 年第 2 期。

谢国明：《胡政之初进大公报》，《新闻研究资料》1991 年第 1 期。

谢国明：《论新记〈大公报〉的"四不主义"》，《新闻研究资料》1986 年第 3 期。

谢国明：《试论新记大公报的报业机制》，《新闻大学》1985 年第 11 期。

徐载平、徐瑞芳：《清末四十年申报史料》，新华出版社，1988。

徐铸成：《〈国闻通讯社〉和旧〈大公报〉》，《新闻研究资料》1979 年
　　第 1 期。

杨纪：《大公报香港版回忆》，《新闻研究资料》1981 年第 2 期。

袁尘影：《张季鸾和〈大公报〉的"小骂大帮忙"》，《新闻知识》
　　1991 年第 8 期。

张隆栋、傅显明编著《外国新闻事业史简编》，中国人民大学出版社，
　　1988。

张颂甲：《我所了解的〈大公报〉——纪念〈大公报〉创刊一百周年》，
　　《百年潮》2002 年第 4 期。

周建明：《快捷、朴实、犀利、透辟——简论张季鸾撰写的〈大公报〉
　　社论特色》，《新闻与写作》1999 年第 6 期。

周雨：《大公报史（1902—1949）》，江苏古籍出版社，1993。

周雨编《大公报人忆旧》，中国文史出版社，1991。

邹韬奋：《韬奋 我的出版主张》，广西教育出版社，1999。

图书在版编目（CIP）数据

广告中蕴藏的故事：新记《大公报》广告传播活动研究 / 赵欣著. -- 北京：社会科学文献出版社，2023.10

ISBN 978 - 7 - 5228 - 2446 - 8

Ⅰ.①广… Ⅱ.①赵… Ⅲ.①《大公报》- 广告 - 史料 -研究 Ⅳ.①F713.8 -092

中国国家版本馆 CIP 数据核字（2023）第 165065 号

广告中蕴藏的故事
　　——新记《大公报》广告传播活动研究

著　　者／赵　欣

出 版 人／冀祥德
责任编辑／张建中
文稿编辑／柴　乐
责任印制／王京美

出　　版／社会科学文献出版社·政法传媒分社（010）59367126
　　　　　　地址：北京市北三环中路甲 29 号院华龙大厦　邮编：100029
　　　　　　网址：www.ssap.com.cn
发　　行／社会科学文献出版社（010）59367028
印　　装／三河市尚艺印装有限公司

规　　格／开　本：787mm×1092mm　1/16
　　　　　　印　张：13.75　字　数：210 千字
版　　次／2023 年 10 月第 1 版　2023 年 10 月第 1 次印刷
书　　号／ISBN 978 - 7 - 5228 - 2446 - 8
定　　价／98.00 元

读者服务电话：4008918866